HISTOIRE MÉTALLIQUE

DE LA

RÉVOLUTION FRANÇAISE.

Se trouve A PARIS,

Chez F. SCHŒLL et compagnie, rue de Seine, Hôtel de la Rochefoucault;
TREUTTEL et WÜRTZ, rue de Lille, n.° 17.

HISTOIRE
MÉTALLIQUE
DE LA RÉVOLUTION FRANÇAISE,

OU

RECUEIL
DES MÉDAILLES ET DES MONNOIES

QUI ONT ÉTÉ FRAPPÉES

DEPUIS LA CONVOCATION DES ÉTATS-GÉNÉRAUX JUSQU'AUX PREMIÈRES CAMPAGNES DE L'ARMÉE D'ITALIE;

PAR A. L. MILLIN,

Membre de l'Institut, et Conservateur des Médailles à la Bibliothèque impériale de France.

A PARIS,

DE L'IMPRIMERIE IMPÉRIALE.

M. DCCC. VI.

PRÉFACE.

LA révolution française est à jamais mémorable par l'influence qu'elle a eue sur les destinées d'un grand peuple et sur la situation de l'Europe, dont elle a changé tous les rapports politiques. Plusieurs hommes de mérite ont déjà essayé d'en écrire l'histoire; mais on convient généralement que des événemens d'un si haut intérêt ne peuvent être tracés par un auteur contemporain, avec cette sévérité de critique et cette impartialité rigoureuse qui sont les caractères de l'histoire : on doit donc s'attacher principalement aujourd'hui à recueillir les matériaux dans lesquels l'homme de génie, appelé à exposer ces événemens, trouvera les instructions d'après lesquelles il pourra former son jugement. Les actes publics, les pièces officielles, les relations historiques, les journaux et les mémoires particuliers, sont sans doute les sources dans lesquelles il devra puiser ; mais il pourra encore tirer d'autres secours des monumens.

Les médailles appartiennent à ce genre de documens historiques. On connoît leur importance pour l'éclaircissement de l'histoire ancienne : si elles n'offrent pas autant d'intérêt pour l'histoire moderne, elles ne sont pas du moins sans utilité. C'est pour consacrer la mémoire de certains événemens, que des princes, des corporations, font frapper des médailles ; et c'est pour qu'elles soient un des instrumens de l'histoire, que les hommes de lettres en publient des gravures et des descriptions.

On ne possède pas malheureusement une Histoire métallique complète de la France. On a des recueils des médailles de Louis XIV, de Louis XV, et même de Louis XVI : j'ai pensé qu'une Histoire métallique de la révolution française en étoit une suite nécessaire.

Le Cabinet impérial n'a pas la série complète des médailles et des monnoies qui ont été frappées pendant cette période mémorable; mais il en a du moins plus qu'on ne pourroit en trouver dans aucune autre collection. J'ai fait dessiner toutes ces médailles; j'ai recherché dans les archives du Corps législatif, à la Monnoie des médailles, à l'Hôtel des monnoies, dans les ateliers des divers graveurs et chez les particuliers, toutes celles qui manquent au Cabinet impérial; et c'est ainsi que j'ai formé le Recueil que je publie.

J'ai fait commencer cette Histoire métallique à l'époque de la convocation des États-généraux en 1789, et j'aurois pu la continuer jusqu'au temps présent dans un seul volume : mais il m'auroit été pénible de confondre la mémoire de jours qui ont été la plupart marqués par un deuil public et des malheurs particuliers, avec cette époque brillante qui a été illustrée par des faits si éclatans, qu'ils devront paroître incroyables à tous ceux qui n'en auront pas été les témoins ; j'aurois regardé comme une profanation d'associer l'image auguste et chérie du grand NAPOLÉON à celles de ces atroces démagogues dont les noms sont voués à une éternelle infamie. J'ai donc pensé qu'il falloit séparer ce Recueil en deux parties très-distinctes.

Celle que je publie aujourd'hui contient

les médailles et les monnoies qui ont été frappées depuis le mois de mai 1789 jusqu'à l'époque à laquelle notre illustre Monarque a commencé à se placer au rangdes plus grands capitaines, et à faire présager la splendeur qui devoit être le digne prix de tant de gloire et de si nobles travaux.

La seconde partie, qui est sous presse, sera intitulée HISTOIRE MÉTALLIQUE DE NAPOLÉON, EMPEREUR DES FRANÇAIS: elle ne contiendra pas seulement les médailles qui ont été frappées depuis le couronnement de sa Majesté impériale et royale; elle renfermera encore toutes celles qui l'ont été depuis sa première campagne d'Italie. On verra avec plaisir la série de ces monumens, qui rappelleront successivement tous ses titres de gloire, depuis la bataille de Castiglione jusqu'à la mémorable journée d'Austerlitz. On trouvera aussi dans ce Recueil les médailles et les jetons qui ne lui sont pas directement relatifs, mais qui consacrent les événemens arrivés dans cette période.

HISTOIRE

MÉTALLIQUE

DE LA RÉVOLUTION

FRANÇAISE.

1. *Planche I.* LA tête du Roi. On lit autour: LUDOV. XVI. FRANC. ET NAVARRÆ REX, *Louis XVI, Roi de France et de Navarre.* Au-dessous de la tête du Roi est le nom de l'artiste, DUVIVIER.

REVERS. Une couronne formée d'une branche de chêne et d'une branche de laurier. On lit autour: LEGI REGIQUE FIDELES, *Fidèles à la loi et au roi;* dans le champ, au milieu de la couronne : CONVENTVS NOBILIVM PARISIENSIVM, *Assemblée des nobles de Paris;* et au-dessous de la couronne : LVTETIAE MAIO MDCCLXXXIX, *Paris, mai 1789.*

L'assemblée de la noblesse de la généralité de Paris se tint dans l'église de l'Oratoire. Elle s'ouvrit le 26 avril : mais elle dura une partie du mois de mai, même après l'ouverture des États-généraux; et ce fut à la fin de sa session qu'elle arrêta l'exécution de cette médaille. L'épigraphe, dans laquelle la loi est nommée avant le roi, est déjà une indication du germe d'insurrection qui se développa ensuite. Cette médaille a été frappée sur différens métaux.

2. *Planche I.* 4 MAI 1789. OUVERTURE DES ÉTATS-GÉNÉRAUX A VERSAILLES. Dans l'exergue : RÉGÉNÉRATION DE LA FRANCE.

R. VIVE LOUIS XVI. POUR LE BONHEUR DE SON PEUPLE. 1789.

Ces jetons, de cuivre, se vendoient alors dans Paris et dans Versailles. Cet usage, nouvellement introduit, prouve l'importance que l'on attachoit à ce grand événement, puisque le peuple s'empressoit d'acheter des signes qui pussent le lui rappeler.

3. *Planche II.* Le buste du Roi; champ semé d'étoiles. Autour de la médaille on lit : LE ETAT ON COMMANCE LE 3 MAY.

R. L'écu de France et de Navarre. On lit autour : QUADRUBLE DE FRANCE, 96 (c'est-à-dire, 96 livres), 178 (pour 1789).

Cette pièce, en étain, a été coulée en 1789, après la prise de la Bastille. Elle est d'un travail grossier, comme toutes celles de cette époque; l'orthographe est dégoûtante, le dessin absolument barbare, et la tête du Roi sans ressemblance.

4. *Planche I.* Un paysan, représentant l'*ordre du tiers-état,* soutient à lui seul la charge du royaume de France, figuré par l'écusson à trois fleurs de lis au champ d'azur, surmonté de la couronne royale: ce paysan a près de lui une bêche et une pioche, symboles de travaux mal récompensés. Un guerrier casqué et cuirassé, représentant la *noblesse,* porte légèrement la main gauche sur l'écu, mais seulement pour avoir l'air de le soutenir aussi. Un évêque crossé et mitré, représentant le *clergé,* le soutient à peine du bout des doigts de sa main gauche. Il y a dans le champ une branche de chêne.

R. Deux branches de lis réunies forment une couronne; au milieu est un triangle, symbole de l'égalité, d'où sortent des rayons : il est entouré de chifres ainsi disposés 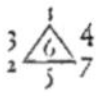 1 3 2 6 4 5 7 ; on lit au-dessus : LES TROIS ORDRES.

Cette médaille, coulée en étain, se vendoit pour faire connoître au peuple que le tiers-état seul supportoit toutes les charges, tandis que le clergé et la noblesse en étoient à-peu-près exempts.

5. *Planche I.* Le même sujet, mais un peu différemment représenté. Le paysan a près de lui une bêche, et une ruche, symbole de la réunion des trois ordres : mais, malgré cette union, le représentant du tiers succombe sous le poids qu'il supporte, tandis que le représentant de la noblesse passe seulement sa main par derrière pour avoir l'air de le soutenir, et que l'évêque fait un léger effort de la main gauche. Sa crosse est pourtant ornée d'une branche de chêne, symbole du civisme.

R. On lit autour: LES ETAT GENERAUX TENU EN FRANCE SOUS LE REGNE DE LOUIS XVI. 1789; et au milieu : CY DESSOUS LA FRANCE FIGURE SOUS UN GLOBE SOUSTENUE DU PEUPLE. LE CLERGE ET LA NOBLESSE AIDE LE PREMIER LA RUCHE REPRESENTE LES TROIS ORDRES REUNIS. VIVE LE ROY.

Cette médaille est également en plomb ou en étain. La grossièreté du dessin et de l'exécution répond à la barbarie du style et à l'épouvantable incorrection de l'orthographe ; mais tout cela étoit plus conforme aux mœurs et au langage du bas peuple qu'on vouloit exciter.

6. *Planche II.* Tête semblable à celle du n.° 3; inscription pareille : le champ est semé de fleurs de lis.

R. Une main tient fortement une couronne; le champ de la médaille est semé de fleurs de lis. On y lit : LE TIR ETAT LA SOUTIENDRA VIVE LE ROY POUR LE BONNEUR DE SON PEUPLE 1789.

Cette médaille grossière a été coulée en étain. Elle avoit pour objet d'exciter le peuple en faveur du tiers-état.

7. *Planche II.* Un abbé tenant son bonnet carré, un homme de robe avec le rabat et le petit manteau, et tenant un rouleau, un gentilhomme ayant un baudrier pour tenir son épée, symboles des trois ordres, sont réunis à une même table, sur laquelle on lit : APRÈS LES TENEBRE LA LUMEIRE; et sur le sol de la salle on lit : *1789.*

R. LA DIVINITE NOUS SOUTIEN ET LA FRANCE NOUS APUIE.

Cette médaille d'étain a été coulée à l'occasion de la réunion des trois ordres, qui eut lieu le 30 juin 1789. Ils avoient jusque-là délibéré séparément, et alors ils délibérèrent en commun.

8. *Planche II.* La couronne de France est posée

sur un autel marqué de trois fleurs de lis ; devant est un noble avec l'épée au côté ; à droite de lui, un ecclésiastique avec le manteau et la calotte; à gauche, un bourgeois. On lit autour : LA REUNION DE TROIS ORDRE FAIT A VERSAILLE EN 1789.

R. Sous un fleuron : LES TROIS ORDRES REUNIS NOUS FAITS ESPERER LE BONEUR DE LA FRANSE. Plus bas un fleuron et deux branches d'olivier, symbole de la paix.

Cette médaille d'étain, et aussi grossière, a été frappée pour la même occasion.

9. *Planche III.* Une foule de citoyens armés, parmi lesquels on voit des soldats des Gardes-françaises, assiégent la Bastille; les chaînes du pont-levis ont été rompues, et l'on pénètre dans la forteresse, au-dessus de laquelle on lit : SIEGE DE LA BASTILLE. Au bas, dans l'exergue : PRISE PAR LES CITOYENS DE LA VILLE DE PARIS LE 14 JU.T. 1789; et entre deux lignes, ANDRIEU. F. n.° 1, c'est-à-dire, *Andrieu fecit.*

Cette médaille devoit être la première d'une suite que M. Andrieu avoit destinée à représenter les divers événemens de la révolution; cette collection n'a pas été suivie. Cette médaille est en bronze; elle n'a pas de revers.

10. *Planche III.* Un bataillon de grenadiers des Gardes-françaises, précédé de citoyens, va pénétrer dans la Bastille.

Cette médaille, en plomb, se vendoit dans les rues; et plusieurs hommes la portoient à la boutonnière, pour indiquer qu'ils étoient du nombre de ceux qui se disoient les vainqueurs de la Bastille. Elle étoit sans revers, ou elle avoit un des deux suivans.

11. *Planche III.* LA PRISE DE LA BASTILLE LE 14 JUILLET. Ces mots sont écrits entre un cœur placé au milieu d'une couronne de branches de laurier, symbole du courage des vainqueurs de la forteresse, et un faisceau composé d'une hache et de deux massues, marque de la force du peuple qui en a brisé les portes : ce faisceau est au milieu de la date 1789. Autour de la médaille on lit : A LA GLOIRE DE LA NATION FRANÇAISE LIBRE.

Cette médaille, en étain, servoit de revers à la précédente.

12. *Planche III.* Entre les deux mêmes symboles, on lit : A LA GLOIRE DE LA NASION; et autour : LA PRISE DE LA BASTILLE LE 14 JUILLET 1789.

Cette médaille servoit, comme celle du n.° 11, de revers à celle du n.° 10.

13. *Planche IV.* La même représentation que celle du n.° 9, dont elle est une copie en étain. L'inscription de l'exergue est différente; on y lit : DEDIE AUX ELECTEURS DE 1789 PAR PALLOY PATRIOTE LORS DE LA RENDITION DE SON CMPTE [compte] A LA NATION ; et autour : CE PLOMB SCELLAIT LES ANNEAUX QUI ENCHAINOIENT LES VICTIMES DU DESPOTISME RETRACE LEPOQUE DE LA LIBERTE CONQUISE L'AN PREMIER.

R. On lit dans le champ ces mots, qui étoient imprimés sur un papier collé au revers de la médaille : *Offert au nom de la reconnoissance, du patriotisme et de la fraternité, à M. . . . Électeur de 1789, par le patriote Palloy. Enregistré par nous secrétaire perpétuel de MM. les Électeurs, le 28 janvier 1792, l'an 4.me de la liberté. Signé Liesse.*

M. Palloy avoit été chargé de démolir la Bastille. C'est lui qui a fait faire des modèles de cette forteresse, taillés avec la pierre même qui avoit servi à sa construction, et qui furent envoyés dans tous les départemens : il a fait aussi graver plusieurs médailles en plomb ; et celle-ci fut offerte à tous les anciens électeurs,

électeurs, lors de la reddition de son compte. Il s'étoit donné le nom de patriote, et il n'est connu dans les écrits du temps que sous le nom de *patriote Palloy*. Le mot *rendition*, employé dans l'inscription, les nombreuses fautes qui défigurent celles de la plupart de ses médailles, prouvent qu'il n'avoit pas porté la connoissance de la langue française, et même celle de l'orthographe, aussi loin que le patriotisme.

14. *Planche XII*. La prise de laBastille, à-peu-près comme au n.° précédent. On voit le gouverneur M. Delaunay que les assiégeans frappent et entraînent. On lit dans l'exergue: PRISE DE LA BASTILLE ET DU GOUVERNEUR LE 14 JUILLET 1789.

15. *Planche V*. La Ville de Paris personnifiée. Elle tient dans une main l'étendard de la France, semé de fleurs de lis, avec un coq au milieu, par allusion au mot latin *gallus*, qui signifie *coq* et *Gaulois* : cet étendard est surmonté du bonnet de la liberté. Elle s'appuie sur un écu dans le champ duquel est un vaisseau: c'étoit l'écusson de la ville de Paris. On voit derrière, à droite, la Bastille qui s'écroule, et à gauche, les tentes du Champ-de-Mars. La Ville de Paris est assise sur un trophée d'armes et sur les chaînes du

despotisme qui sont brisées. On lit au bas : A LA GLOIRE DE LA NATION FRANCAI EPOQUE DE LA LIBERTE.

R. LEGISLATEURS CE METAL PROVIEN DES CHAINES DE NOTRE SERVITUDE QUE VOTRE SERMENT DU 20 JUIN 1789 A FAIT BRISER LE 14 JUILLET SUIVANT PAR PALLOY PATRIOTE.

Il y a sans doute ici une amphibologie; on pourroit croire que c'est le patriote Palloy qui a brisé les chaînes de la servitude. Mais son intention étoit plus modeste ; il ne signe que comme ayant fait couler cette médaille avec le fer de la Bastille. Elle fut distribuée à tous les membres de l'Assemblée constituante. Le serment du 20 juin dont il est question est celui du Jeu de paume.

16 *Planche V.* Un faisceau surmonté du bonnet de la liberté. Au bas on lit : LUNION FAIT LA FORCE; et autour : CE METAL PROVIENT DES VERROUX DE LA BASTILLE.

R. La Liberté, tenant son bonnet au haut d'une pique, et ayant auprès d'elle une massue, symbole de la force, montre du doigt la Bastille qui s'écroule. On lit autour : LA LIBERTE A DETRUIT LE DESPOTISME.

Cette médaille a été faite, comme les précédentes, par M. Palloy, quoiqu'il n'y ait pas mis son nom.

17. *Planche V.* Le buste du duc d'Orléans. On lit autour : MGR LE DUC D'ORLEANS CITOYEN.

R. Une couronne formée de cette grande fleur qu'on appelle vulgairement *soleil (Helianthus annuus)*, et qu'on plante ordinairement autour des corps-de-garde. Au milieu, sont les armes d'Orléans. On lit au-dessous : SOUTIEN DE LA FRANCE.

Cette médaille d'étain, qui étoit vendue et distribuée parmi le peuple, avoit pour but d'augmenter la popularité du duc d'Orléans. Le portrait n'est pas ressemblant.

18. *Planche VI.* Le buste du duc d'Orléans. On lit autour : MGR LE DUC. DORLEANS. BIENFAICTEURS.

R. Dans une couronne de laurier, au-dessous d'une petite couronne de roses : LA NATION NOUBLIRA JAMAIS DORLEANS LES BIENFAIT 1789.

Cette médaille est aussi en étain. Le portrait ne ressemble pas plus que le précédent.

19. *Planche VI.* Les soldats citoyens rangés en bataille dans une place, à l'entrée d'une rue ; devant

eux est un canon; le soleil éclaire la scène. On lit dans une banderole : VIVE LA LIBERTE ; et dans l'exergue : ET LES DISTRICT.

R. Dans une couronne de cœurs enflammés réunis par des guirlandes, on lit : MOURIR POUR LA PATRIE VOILA NOTRE DEVOIR. Au-dessus sont trois cœurs enflammés ; et plus bas, 1789. On lit autour : LES COEURS REUNIS.

Cette médaille est en étain.

20. *Planche VI.* Face semblable ; au lieu de l'inscription ET LES DISTRICT, on lit dans l'exergue : VIVE LE ROY.

R. Au milieu d'une couronne semblable à celle de la précédente, n.° 19, on lit : VAINCRE OU MOURIR POUR LA PATRIE EST NOTRE SEUL ENVIE. 1789. Autour : LES COEURS LIBRE REUNIS.

Même métal que celui de la précédente.

21. *Planche VI.* Une église, où le Roi est accompagné des trois ordres ; un citoyen, représentant le peuple qui le suit, pose la couronne sur la tête du Roi. On lit dans l'exergue : LOUIS XVI PERRE DU PEUPLE.

R. A LOUIS XVI PERE DES FRANCAIS ET ROY DUN

PEUPLE LIBRE. Autour : REGENERATION DE LA FRANCE LANNE 1789.

22. *Planche XII.* Même face qu'au n.° 21.

Le génie de la France, portant son écusson, pose une couronne sur un buste qui probablement doit être celui du Roi; l'autel soutient une corne d'abondance; et auprès, un laboureur conduit paisiblement sa charrue. On lit autour : REGENERATION DE LA FRANCE. Dans l'exergue : LAN 1789.

23. *Planche VII.* Le portrait du Roi. LOUIS XVI ROI DES FRANÇOIS. B. DUVIVIER F. [Benjamin Duvivier *fecit.*] Dans l'exergue : VILLE DE PARIS.

R. La Ville de Paris a la tête tourellée; elle appuie le coude sur un autel orné d'un faisceau, symbole de la concorde; elle tient dans la main droite un gouvernail : sa main gauche porte une pique surmontée du bonnet de la liberté. Derrière elle est un vaisseau dont la proue est ornée de fleurs de lis. Devant la Ville de Paris sont des armes de toute espèce, et à ses pieds il y a un rouleau, un compas, la balance de la justice, et une corne d'abondance d'où sortent des fruits; auprès est une gerbe; plus loin sont des ouvriers qui élèvent un édifice. On lit autour : ETABLISSEMENT DE LA

MAIRIE DE PARIS. Dans l'exergue : J. SILVAIN BAILLY PREMIER MAIRE ELU LE 15 JUILLET 1789. Près du vaisseau, dans le champ, on lit : DUPRÉ F.

Comme l'exécution de cette médaille étoit pressée, M. Duvivier fit la tête, et M. Dupré grava le revers.

24. *Planche VII.* La tête du Roi ceinte de la couronne civique. On lit au-dessous le nom du graveur: DUVIVIER; et autour : LOUIS XVI ROI DES FRANÇAIS, PERE D'UN PEUPLE LIBRE. Dans l'exergue : ASSEMBL. DES ELECT.[S] DE PARIS LE ROI Y SEANT LE 17 JUILLET 1789. Ce jour est celui où le Roi vint à Paris, après la prise de la Bastille. La première inscription se lisoit à l'entrée de l'Hôtel-de-ville, sur un transparent, pendant l'illumination de la soirée. Les électeurs voulurent la consacrer sur cette médaille.

R. La Liberté, tenant d'une main la haste surmontée du bonnet, et de l'autre un style, grave sur un obélisque ces mots : JUILLET MDCCLXXXIX. Sur la base de l'obélisque on lit : PRÉSIDENTS DES ELECTEURS J. DE LAVIGNE ET M. L. E. MOREAU DE S[T] MERY. Autour de la médaille, on lit : LIBERTÉ ASSURÉE; et dans l'exergue : DUVIV.....

Les électeurs firent frapper cette médaille pour perpétuer le souvenir du 14 juillet 1789, époque de la présidence de MM. de la Vigne et Moreau de Saint-Méry.

25. *Planche VIII.* Portrait de Bailly. J. SILVAIN BAILLY NÉ A PARIS LE XV. SEPT. MDCCXXXVI. Dans l'exergue : OFFERT A LA VILLE PAR B. DUVIVIER.

R. Entre une branche de chêne et une de laurier : MEMBRE DES TROIS ACADÉMIES FRANÇOISE, DES B. LETTRES ET DES SCIENCES, PRÉSIDENT DE L'ASSEMBLÉE NATIONALE LE 17. JUIN. ELU D'UN VŒU UNANIME MAIRE DE PARIS LE 15. JUILLET 1789. Au-dessus : MÉRITE RECONNU.

26. *Planche VIII.* M. de la Fayette. M. P. J. R. I. G. MOTIER M.[QUIS] DE LA FAYETTE NÉ LE 6. SEPT. 1757. Dans l'exergue : OFFERT PAR B. DUVIVIER A LA GARDE NATION[LE].

R. MAJOR GÉNÉRAL DANS LES ARMÉES DES ÉTATS UNIS D'AMERIQ.[E] EN 1777, MARESCHAL DE CAMP, VICEPRÉSID.[T] DE L'ASSEMBLÉE NATIONALE LE 12 JUILLET COMMANDANT GÉNÉRAL DE LA GARDE NATION.[E] PARIS.[E] LE 15 JUILLET 1789. Autour : VENGEUR DE LA LIBERTÉ DANS LES DEUX MONDES.

27. *Planche IX.* Tête de M. Necker. Autour on

lit : L,IMMORTEL NECKERC. T. IN. J'ignore quel est celui qui est désigné par ces initiales.

R. On lit dans le champ, sous une couronne de roses : LE PERE DU PEUPLE 1789. Le tout est dans une couronne de laurier.

Cette médaille est en étain. Elle fut coulée pour témoigner la joie que le peuple ressentit du retour de M. Necker.

28. *Planche IX.* M. Necker. JACQUES NECKER GENEVOIS NE EN OCTOBRE MDCCXXXII. INSCIUM S DUVIVIER. c'est-à-dire : *Inscium sculpsit Duvivier,* Gravé à son insu par Duvivier.

R. On lit dans une couronne de chêne : ÉLEVÉ AU MINISTERE DES FINANCES EN OCTOBRE 1776 RAPPELLÉ EN AOUST 1788 ET POUR LA IIIME FOIS EN JUILLET 1789. Au-dessus de la couronne : VŒU PUBLIC SATISFAIT. Au-dessous : OFFERT A LA NATION PAR DUVIVIER.

Cette médaille a donc été gravée à l'insu de M. Necker et sur un de ses portraits, sans autorité publique, et par la seule volonté de M. Duvivier. Elle se vendoit aux admirateurs de ce célèbre contrôleur des finances, et la ville de Paris en acheta une certaine quantité en bronze pour les distribuer.

29. *Planche VIII.* Autre revers pour la même médaille. Au milieu d'une couronne de chêne on lit: VŒU PUBLIC. Autour : RAPPELÉ AU MINISTERE DES FINANCES DE FRANCE. Dans l'exergue : LE XXVI AOUST MDCCLXXXVIII.

30. *Planche XII.* Buste de M. Necker. On lit autour : NECKER MINISTRE DETAT.

R. Dans une couronne, le mot NECKER. Au-dessous, dans le champ de la médaille : LE CIEL TA CHOISI POUR LE PROTECTEUR DES FRANCAIS CE PEUPLE RECONOISANT COURONANT TON NOM ETERNISERA TES BIENFAITS 1789. Autour : QUE TOUT LE PEUPLE SOIT RECONNOISSANT A NECKER BFAISANT (c'est-à-dire, *bienfaisant*).

Cette médaille est en étain.

31. *Planche IX.* Les armes de la ville de l'Orient sur un jeton octogone : VILLE DE L'ORIENT.

R. Sous une couronne de chêne on lit : AU BRAVE PICARD SOLDAT CITOYEN LE JUILLET MDCCLXXXIX.

Ce jeton a été frappé pour consacrer la mémoire de l'action d'un brave militaire appelé *Picard*, qui avoit sauvé des naufragés.

32. *Planche X.* Le portrait du Roi : LOUIS XVI RESTAURATEUR DE LA LIBERTÉ FRANÇAISE. Dans l'exergue : B. DUVIVIER. S. C'est le nom du graveur Benjamin Duvivier.

R. La salle des États-généraux, appelés ensuite Assemblée nationale, à Versailles. Au milieu est un autel avec cette inscription : A LA PATRIE. Les députés des trois ordres y font serment d'abandonner tous les priviléges, dont les titres sont jetés au pied de l'autel. On lit autour : ABANDON DE TOUS LES PRIVILÉGES. Dans l'exergue : ASSEMBLÉE NATIONALE IV AOUT MDCCLXXXIX.

33. *Planche VII.* Les armes de la ville de Paris sur un jeton octogone. On lit au-dessous : VILLE DE PARIS.

R. Dans le champ : AUX BONNES CITOIENNES LE 8 OCT[BRE] 1789. Autour : DONNÉ PAR LA COMMUNE DE PARIS.

Ce jeton fut donné par la mairie aux femmes de la halle qui avoient été à Versailles le 6 octobre.

34. *Planche XI.* L'auteur de cette médaille a saisi le moment où le Roi passe sur la place Louis XV, au milieu du peuple qui le conduit à Paris. On lit au

haut : ARRIVÉE DU ROI A PARIS. Dans l'exergue : LE 6 OCTOBRE 1789. Dans une ligne entre l'exergue et la composition : ANDRIEU. F. NO. 2.

Cette médaille étoit destinée, avec celle du n.° 9, à entrer dans une suite de l'histoire métallique de la révolution, que M. Andrieu se proposoit de graver.

35. *Planche XI.* Le buste du Roi : LOUIS XVI ROI DES FRANÇOIS. Dans l'exergue : VILLE DE PARIS. Sous le buste du Roi : B. DUVIVIER. F. nom du graveur.

R. On voit à droite l'Hôtel-de-ville ; la place est couverte de peuple : la Ville de Paris, couronnée de tours, montre au Roi cet édifice et l'y conduit. Au haut on lit : J'Y FERAI DESORMAIS MA DEMEURE HABITUELLE, paroles qu'on sait que le Roi a dites dans l'assemblée de la commune. Derrière le Roi est la Reine, qui tient par la main le Dauphin, appelé alors *Prince royal.* Dans le champ : DUVI, pour indiquer le nom du graveur *Duvivier.* Dans l'exergue : ARRIVÉE DU ROI A PARIS LE 6 OCT. 1789.

36. *Planche IX.* Les armes de la ville de l'Orient ; le même type que celui du n.° 31.

R. Dans le champ on lit : POUR AVOIR DONNÉ

A L'INDIGENT CE QUE VOTA LA RECONNOISSANCE POUR LEURS PLAISIRS, 3 9.bre 1789. Autour on lit : 2.E BATAIL.ON DE BASSIGNY REG.T D'ART.IE DES COLON.IES DETACH.NT DU BATAIL.ON AUXIL.E DES COL.ES [*Deuxième bataillon de Bassigny, régiment d'artillerie des colonies, détachement du bataillon auxiliaire des colonies*].

La municipalité de l'Orient fit frapper ce jeton pour honorer le désintéressement des soldats d'un détachement du régiment de Bassigny, qui avoient abandonné aux indigens de l'Orient une gratification qui leur avoit été accordée.

37. *Planche X.* Deux serpens, enlacés dans une couronne de chêne, viennent manger dans la coupe de la Santé. Au milieu on lit : A L'HUMANITÉ.

R. Au milieu d'une couronne de laurier on lit : PRIX DE LA SOCIÉTÉ DE MEDECINE DE PARIS.

38. *Planche XIII.* L'autel de la patrie, orné de trois fleurs de lis, porte un faisceau attaché avec le ruban tricolor et surmonté du bonnet de la liberté. Deux mains sortant des nuages posent sur l'autel. On lit autour de la médaille : CONSTITUTION LIBERTÉ.

R. Le nom de *Jehovah* en hébreu dans un triangle, d'où s'échappent des rayons. On lit au bas : FÉDÉRATION NATIONALE DES FRANÇAIS — A PARIS LE XIV JUILLET MDCCLXXXX.

39. *Planche XIII.* La Liberté tient un étendard surmonté d'un bonnet, et sur lequel on voit deux mains jointes en signe d'union ; elle soutient aussi le livre de la constitution sur un autel, où on lit ces mots : A LA PATRIE. La France, couronnée, vêtue d'un habit semé de fleurs de lis et tenant un faisceau, y porte la main pour jurer d'observer la constitution ; les fédérés armés entourent l'autel. Plus loin on voit l'École militaire. La Déesse de l'abondance et du commerce, caractérisée par sa corne pleine de fruits et son caducée, assise au pied de l'autel, se réjouit de ce serment ; le génie de la France plane au-dessus de l'autel au milieu des nuages. En haut on voit, dans une portion du zodiaque, le signe du lion, dans lequel est le soleil pendant le mois de juillet. Dans l'exergue on lit : À PARIS LE 14 JUILLET 1790.

R. Dans une couronne de chêne : CONFÉDÉRATION DES FRANÇAIS.

40. *Planche XIII.* Un faisceau d'où sort une hache

surmontée du bonnet de la liberté, et auquel sont suspendus une épée, un bouclier, un caducée, et une branche de laurier. On lit autour : LE PATRIOTISME ET LA LIBERTE NOUS ONT REUNIS.

R. Une femme tient d'une main un sceptre, et de l'autre le bonnet de la liberté, qui a ici la forme d'un bonnet de nuit. On lit dans l'exergue : LIBERTE; et autour : FEDERATION MARTIALE TENUE A LYON LE 30 MAI 1790.

41. *Planche XIII.* Le Roi, debout devant son trône, vêtu de son manteau royal, prête serment sur le livre de la CONSTITUTION. Minerve tient ce livre placé sur un autel, où l'on voit le bonnet de la liberté au bout d'une baguette entre deux rameaux d'olivier. Les fédérés armés sont rangés auprès de l'autel. Entre Minerve et le Roi est la Justice, qui le regarde en tenant sa balance. On lit en haut : SERMENT DU ROI. Dans l'exergue : 14 JUILLET 1790. Plus haut, le nom du graveur DUPRÉ.

Ce type devoit servir pour la Monnoie; il n'a pas été frappé : il en existe des étains, d'après lesquels ce dessin a été exécuté.

42. *Planche XIV.* Les troupes assemblées dans le

Champ-de-Mars. Le livre de LA LOI est posé sur l'autel de la patrie, ainsi que le lieu l'indique; et le Roi y prête son serment. On lit dans l'exergue : AU H DE MARS (sans doute *au Champ-de-Mars*) LE 14 JUILLET 1790.

R. Une épée passée entre l'écusson de France et celui de la ville de Paris, derrière lesquels s'élèvent des drapeaux et une branche d'olivier ; la lame est surmontée du bonnet de la liberté : au bas sont des canons, un baril de poudre, des boulets et un tambour. On lit sur une banderole : LA NATION LA LOI LE ROI.

Cette médaille et les suivantes, jusqu'au n.° 50, sont en étain.

43. *Planche XIV.* L'autel de la patrie entre des candélabres fumans, et entouré de fédérés. On lit autour : CONFEDERATION NATIONAL. Dans l'exergue : 14 JUILLET.

R. Dans une couronne de chêne : NOUS JURONS DE MAINTENIR DE TOUT NOTRE POUVOIR LA CONSTITUTION DU ROYAUME.

44. *Planche XIV.* Sur un autel orné de fleurs de lis, on voit la France, ou Minerve, qui tient d'une main le sceptre, de l'autre le bonnet de la liberté. On lit

dans l'exergue : HOTEL DE LA LIBERTE ; et autour : CAMP FEDERATIF TENUE A PARIS 14 JUILLET 1790.

R. Les armes de la ville de Paris entre deux branches d'olivier. Au-dessus on lit : FÉDÉRATION NATIONALE.

45. *Planche XIV.* Le temple de la Concorde, au pied d'un rocher, au faîte duquel est le génie de la liberté entouré de trophées et de drapeaux ; autour de la montagne sont plusieurs tentes. On lit dans l'exergue : TAMPLE DE LA CONCORDE ; et autour de la médaille : FEDERATION MARTIALE.

R. Deux mains jointes tiennent une baguette surmontée d'un bonnet. On lit autour : LE PATRIOTISME ET LA LIBERTE NOUS ONT REUNIS. Dans l'exergue : A PARIS LE 14 JUILLET 1790.

46. *Planche XIV.* L'autel de la Liberté devant son temple surmonté du bonnet entre des drapeaux. On lit au bas : 1790.

R. VOUS CHERISSEZ CETTE LIBERTE VOUS LA POSSEDEZ MAINTENENT MONTRZ VOUS DIONES DE LA CONIIRVER *[montrez-vous dignes de la conserver]* LE 14 JUILLET.

47. *Planche XIV.* Deux mains jointes tiennent une

une baguette surmontée du bonnet de la liberté. On lit autour : FEDERATION NATIONALE.

R. Trois ouvriers détruisent les derniers pans de murs de la Bastille, qui est ici le symbole du despotisme. On lit dans l'exergue : JE REND LE D.[R] (c'est-à-dire *dernier*) SOUPIRE.

48. *Planche XIV.* Le Champ-de-Mars avec les deux enceintes, l'École militaire, l'arc de triomphe et l'autel de la liberté. On lit au-dessus, PACTE DE FEDERATION DU, et dans l'exergue, 14 JUILLET 1790.

R. La salle de verdure qui avoit été bâtie pour les réjouissances publiques sur la place qu'occupoit la Bastille. On lit au haut : BAL DE LA BASTILLE. Au milieu est une pique surmontée du bonnet, et accompagnée d'une banderole sur laquelle on lit : LIBERTE.

49. *Planche XII.* Les tables des DROITS DE L'HOMME et de la CONSTITUTION sont posées sur un autel, et appuyées contre un palmier qui les ombrage : Mars et Minerve les soutiennent. Le dieu est armé d'une épée ; à ses pieds est un faisceau de piques. Aux pieds de la déesse est un rameau d'olivier ; de sa main gauche elle soutient un faisceau, symbole de l'union : ce

faisceau est surmonté du bonnet, et porte le médaillon du Roi entre une branche de chêne et une de laurier; au bas est appuyé l'écu de France. On lit dans l'exergue : FIDEL A LA NATION AU LOI AU ROI 1789.

R. Une place entourée d'arbres, au milieu de laquelle est une colonne d'ordre ionique, sur laquelle sont deux lions adossés qui portent l'écu de France surmonté d'une Renommée tenant d'une main une branche d'olivier, et de l'autre le bonnet de la liberté au bout d'une baguette; la place est couverte de citoyens qui s'y promènent. On lit dans l'exergue : PLACE DE LA LIBERTE SUR LE TEREIN DE LA BASTILLE 1790.

50. *Planche XI.* Le Roi, couronné de chêne et entouré d'une couronne d'étoiles et de rayons lumineux. Au haut on lit : VIVE A JAMAIS LE MEILLEUR DES ROIS. Dans l'exergue : LOUIS XVI RESTAURATEUR DE LA LIBERTE FRANÇOISE ET LE VERITABLE AMI DE SON PEUPLE. Au-dessous il y a une couronne de chêne et deux branches de laurier.

R. La Liberté, assise sur une base carrée, tient d'une main une pique surmontée du bonnet; elle a un casque et une égide sur laquelle est la tête de Méduse; elle regarde le soleil qui luit sur un coq, symbole de la France; elle foule aux pieds des chaînes et un collier de fer brisés. L'écusson de la France, que la Liberté protége, est placé sur un livre et couvert de l'égide ; derrière cet écusson s'élèvent des branches de laurier et d'olivier : on y voit encore un autre livre et un rouleau. A la droite de la figure de la Liberté s'élève un obélisque qui est surmonté d'une fleur de lis, et autour duquel serpentent des branches de chêne et de laurier. On lit au haut : LIBERTÉ ET SECURITÉ. Dans l'exergue il y a une palme, des branches de laurier et une trompette ailée, liées en sautoir; et au-dessus on lit : SALUT ET REGENERATION DE LA FRANCE PAR L'ASSEMBLEE NATIONNALE EN 1789 et 1790.

51. *Planche XV.* Armoiries de la ville de Versailles entre une branche de chêne et une de laurier. Autour on lit : LIBERTE ET CONSTITUTION. Dans l'exergue : FEDERATION DE VERSAILLES CE 11 JUILLET 1790.

R. Dans le champ : LA NATION LA LOI ET LE ROI.

52. *Planche XV.* Au milieu d'un écu entouré d'un cordon formant plusieurs lacs, par allusion au mot *cordeliers*, on lit : LA LOI ET LE ROI. Autour : DISTRICT DES CORDELIERS. Dans l'exergue : UNION

FRATERNEL. Dessous on mettoit le numéro correspondant à l'enregistrement du nom de la personne à qui ce jeton avoit été donné comme membre du district.

R. Le drapeau des Cordeliers, dont le bâton est terminé par des fleurs de lis, et qui est surmonté du bonnet de la liberté. On lit sur l'étendard : LIBERTAS. Autour du jeton : SOUS LA PRESIDENCE DE GEORGE JACQUES DANTON. Dans l'exergue : 1790.

53. *Planche XV.* L'empereur Léopold II, le roi de Prusse Frédéric-Guillaume et l'électeur de Saxe Frédéric-Auguste. On lit autour : LEOP. II. IMP. FRID. WILH. REX PR. FRID. AVG. EL. SAX. Au bas le nom du graveur : HOECKNER FEC.

R. Le génie de l'Empire germanique, appuyé sur l'écu de l'Empire, et tenant une corne d'abondance, montre de la main droite le château de Pilnitz, derrière lequel on voit une riche campagne. On lit au haut : FELICITAS TEMPORUM; et dans l'exergue : PILNIZII D. XXV. AUG. MDCCXCI. *A Pilnitz, le 25 août 1791.*

Cette médaille a été frappée à l'occasion de la première coalition que l'empereur, le roi de Prusse et l'électeur de Saxe formèrent, à Pilnitz, contre la France.

54. *Planche XV.* Le buste du Roi : LOUIS XVI ROI DES FRANÇOIS 1791. A.

R. Dans une couronne de chêne est une pique au milieu d'un faisceau ; elle est surmontée du bonnet de la liberté. Dans le champ est cette marque 2. S. c'est-à-dire, *deux sous.* On lit autour : LA NATION LA LOI LE ROI, L'AN 3 DE LA LIBERTE.

On désignoit ainsi l'année 1791, parce que c'étoit la troisième depuis le 14 juillet 1789. La lettre A est un signe monétaire qui indique la ville de Paris, où ces pièces ont été frappées.

55. *Planche XVI.* Tête de Minerve casquée. On lit autour : PAYABLE EN ECHANGE D'ASSIGNATS. L'AN 3.ME DE LA LIBERTÉ.

R. Au milieu de deux branches, l'une de chêne, l'autre de laurier, deux mains jointes tiennent chacune une pique, et ces deux piques soutiennent le bonnet de la liberté. On lit dans le champ 2. S. 6 D. B. P. SIX BLANCS, c'est-à-dire, *deux sous six deniers, bon pour six blancs.* Sur une banderole il y a : DROITS DE L'HOMME ART. ; et autour de la pièce : CAISSE DE BONNE FOY ETABLIE A PARIS. 1791.

Ces pièces avoient été frappées par des spéculateurs particuliers, pour faciliter le paiement des petites sommes. On établit aussi des billets de confiance ; c'étoient des coupons des assignats de cinq livres.

56. *Planche XVI.* La Liberté sous un astre rayonnant, et tenant la pique surmontée du bonnet. Derrière elle est une colonne qui porte le coq. Sur cette colonne pose la table de la déclaration des droits de l'homme; on y lit : DROITS DE L'HOME ARTICL. V. Autour de la médaille : LIBERTE SOUS LA LOI. Dans l'exergue : L'AN III DE LA LIBERTE.

R. On lit dans le champ : MEDAILLE DE CONFIANCE DE DEUX SOLS A ECHANGER CONTRE DES ASSIGNATS DE 50^{L} ET AU DESSUS, 1791. Autour on lit: A PARIS MONNERON FRERES NEGOCIANS. Sur la tranche : BON POUR BORD. MARSEIL. LYON. ROUEN. NANT. ET STRASB.

L'article de la première déclaration des droits de l'homme, de 1789, dont s'autorise ici celui qui a fait frapper cette monnoie, est l'article V, qui est indiqué sur la monnoie de confiance. Cet article dit « que la loi n'a le droit de défendre que les actions nuisibles à la société, et que tout ce qui n'est pas défendu par la loi ne peut être empêché. » Dans la déclaration des droits de 1793 cet article est le sixième.

57. *Planche XVIII.* Le génie de la liberté grave avec un style, sur un marbre, le mot CONSTITUTION. La table pose sur un cippe; auprès sont, pour signes monétaires, un bonnet de la liberté, le triangle, symbole de l'égalité, et deux étoiles. On lit autour : REGNE DE LA LOI. Dans l'exergue : REPUBLIQUE FRANCAISE. Sur la base de l'autel : DUPRÉ, nom du graveur.

R. Dans une couronne de chêne : PIECE D'ESSAI 1792.

58. *Planche XVI.* Buste du Roi : LOUIS XVI ROI DES FRANÇOIS 1792.

R. Le génie de la constitution grave sur une table posée sur un autel, le mot CONSTITUTION. A gauche du lecteur, est un faisceau surmonté du bonnet ; à droite, un coq. On lit autour : REGNE DE LA LOI. Sur la base de l'autel on lit le nom du graveur : DUPRÉ.

R. Cet autre revers a été substitué au précédent, après la déposition du Roi. Autour de ces pièces on lit : REPUBLIQUE FRANÇOISE L'AN II. Dans le champ : SIX LIVRES — B. (*Voyez* le n.° 65.)

Cette lettre B est le signe de la Monnoie où la pièce a été frappée.

59. *Planche XVI.* Pièce de trois livres. Tête et revers semblables à ceux de l'écu de six livres.

60. *Planche XVI.* Tête et revers semblables. Grandeur d'une pièce de 30 sous.

61. *Planche XVI.* Revers d'une pièce de 15 sous.

62. *Planche XVII.* La Liberté ailée, tenant d'une main la pique surmontée du bonnet, et de l'autre un foudre, brise sous ses pieds le sceptre, la main de justice et la couronne. On lit autour : EXEMPLE AUX PEUPLES. Dans l'exergue : X AOUST MDCCXCII.

R. Deux Victoires, tenant des palmes, posent le bonnet de la liberté sur une pique sortant d'un faisceau. On lit dessous : A LA MEMOIRE DU GLORIEUX COMBAT DU PEUPLE FRANÇAIS CONTRE LA TYRANNIE AUX TUILLERIES. Dans l'exergue : LA COMMUNE DE PARIS.

63. *Planche XVII.* Buste de Mirabeau couronné de laurier : HONORE RIQUETTI MIRABEAU.

R. PUR METAL DE CLOCHE FRAPPE PAR LES ARTISTES REUNIS DE LYON LE XXIV. 7BRE LAN IV DE LA LIBERTE IER DE L'EGALITE.

Cette

Cette dernière manière de marquer l'ère s'étoit établie dans le temps qui s'écoula entre l'arrestation du Roi et l'établissement de la république.

64. *Planche XVII.* Même tête et même légende.

R. MÉTAL DE CLOCHE FRAPPÉ L'AN IER DE LA RÉPUB.[QUE] FRANÇAISE PAR LES ARTISTES RÉUNIS DE LYON.

65. *Planche XVI.* Le génie de la France grave sur une table le mot CONSTITUTION. *Voyez* les n.ºs 58 et 59.

R. Dans une couronne de laurier: SIX LIVRES.—B. Autour : REPUBLIQUE FRANÇOISE. L'AN II. Sur la tranche on lit en relief: LIBERTÉ. ÉGALITÉ.

Ce revers a été gravé pour être substitué à l'effigie du Roi, aussitôt après l'établissement de la république.

66. *Planche XVII.* La tête de la Liberté tenant sur l'épaule la pique surmontée du bonnet. On lit autour: LIBERTE FRANÇOISE. Dessous : L'AN I DE LA R. F. Sur le buste, le nom du graveur, GALLE.

R. Dans une couronne de chêne : A LA CONVENTION NATIONALE PAR LES ARTISTES REUNIS

DE LYON. — PUR METAL DE CLOCHE FRAPPE EN MDCCXCII.

67. *Planche IV.* Un faisceau surmonté du bonnet de la liberté, dans une couronne de chêne.

R. Dans le champ : PIECE FRAPPEÉ PAR LE MOYEN DE LA VIROLLE, PROPRE A PEREECTIONNER LES MONNOYE. Dans l'exergue : LAN P.[R] DE LA REPUBLIC. Autour : INVENTEE PAR BREZIN A PARIS. 1792.

67 *a. Planche IV.* Un caducée surmonté du bonnet de la liberté, placé entre deux branches de chêne. Dans l'exergue : L'AN Ier DE LA REPUB. FRAN.

R. Dans le champ : PIECE FRAPPÉE PAR LE MOYEN DE LA VIROLLE. Autour : INVENTÉE PAR BREZIN A PARIS. 1792.

67 *b. Planche XVIII.* La Liberté, assise sur un cube orné du triangle, symbole de l'égalité, tient d'une main la haste surmontée du bonnet, de l'autre un rameau d'olivier. Elle s'appuie sur l'autel de la patrie décoré d'un faisceau, signe de concorde ; auprès est une corne d'abondance d'où sortent des fruits. Autour on lit : LIBRE J'OFFRE LA PAIX. Dans l'exergue : L'AN 4 DE LA LIBERTÉ.

R. Dans le champ: PIECE FRAPPEÉ PAR LE MOYEN DE LA VIROLLE, PROPRE A PERFECTIONNER LES MONNOIES. — L'AN I[R] DE LA RÉPUBLIQUE. Autour: INVENTEÉ PAR BREZIN A PARIS. 1792. Sur la tranche on lit : RÉPUBLIQUE FRANÇAISE.

68. *Planche XVIII.* Hercule, ayant près de lui sa massue et la peau de lion, fait d'inutiles efforts pour rompre un faisceau. On lit autour : LES FRANCAIS UNIS SONT INVINCIBLES. Dans l'exergue : L'AN IV DE LA LIBERTÉ.

R. MEDAILLE QUI SE VEND CINQ-SOLS A PARIS CHEZ MONNERON (PATENTÉ). Autour : REVOLUTION FRANÇAISE. 1792. Sur la tranche : LA CONFIANCE AUGMENTE LA VALEUR.

69. *Planche XVIII.* La Liberté, assise sur un cube, s'appuie sur le tableau de la déclaration des droits de l'homme ; on y lit : DROITS DE L'HOMME ARTIC. V. Derrière est un coq sur un cippe. Elle tient le bonnet sur sa haste ; le soleil l'éclaire. On lit autour: LIBERTÉ SOUS LA LOI. Dans l'exergue: L'AN IV. DE LA LIBERTÉ.

R. Dans le champ: MEDAILLE QUI SE VEND DEUX-SOLS A PARIS CHEZ MONNERON (PATENTÉ). Autour:

RÉVOLUTION FRANÇAISE 1792. Sur la tranche : LA CONFIANCE AUGMENTE LA VALEUR.

70. *Planche XIX.* La France assise sur un cippe, ayant près d'elle l'écu de France, devant un autel orné du médaillon de Louis XVI, présente aux fédérés la table de la constitution, où on lit : CONSTITUTION DES FRANÇAIS. Sur l'étendard d'un des fédérés, on lit: VIVRE LIBRE OU MOURIR. Au haut de l'ovale : PACTE FEDERATIF. Autour de la pièce: VIVRE LIBRES OU MOURIR. Dans l'exergue : 14 JUILLET 1790. Sur la base où s'assied la France, on lit le nom du graveur, DUPRE F.

R. Dans le champ on lit : MEDAILLE QUI SE VEND 5-SOLS A PARIS CHEZ MONNERON PATENTÉ. — L'AN IV DE LA LIBERTÉ. Autour : RÉVOLUTION FRANÇAISE 1792. Sur la tranche on lit en creux : BON POUR LES 83 DÉPARTEMENS.

71. *Planche XIX.* Face semblable ; d'un module un peu plus grand que la précédente.

R. Dans le champ : MEDAILLE DE CONFIANCE DE CINQ - SOLS REMBOURSABLE EN ASSIGNATS DE 50^tt^ ET AU DESSUS. — L'AN IV. DE LA LIBERTÉ. Autour : MONNERON FRERES NEGOCIANS A PARIS

1792. Sur la tranche : DEPARTEMENS DE PARIS, RHONE ET LOIRE, DU GARD &c.

Je n'ai pas fait graver une autre monnoie qui offre le même type que celui du n.° 70. On lit dans l'exergue : L'AN IV DE LA LIBERTÉ.

On lit sur le revers, comme sur celui du n.° 69 : MEDAILLE QUI SE VEND DEUX-SOLS A PARIS CHEZ MONNERON PATENTÉ. Autour : REVOLUTION FRANÇAISE. 1792.

Le coin a été gravé par M. Dupré.

72. *Planche XIX.* La Liberté s'appuie sur un faisceau dont la pique est surmontée du bonnet de la liberté, et sur lequel pose un livre ouvert, où on lit : DROITS DE L'HOMME ARTIC. V. Autour de la pièce il y a : LE FEVRE, LE SAGE ET COMP^E^ N^GT^ A PARIS.

R. Dans le champ : B. P. 10 SOLS A ECHANGER EN ASSIGNATS DE 50^tt^. Autour : ET AU DESSUS L'AN 4ME DE LA LIBERTE 1792.

Cette pièce a été gravée par M. Dupré.

73. *Planche XIX.* Deux cornes d'abondance unies avec deux branches de chêne ; et au milieu un bonnet placé sur un foudre. Autour on lit : LE FEVRE LE SAGE ET COMP^IE^ N^GT^ A PARIS 1792.

R. Dans le champ : B. P. 5 SOLS A ECHANGER EN ASSIGNATS DE 50 ᵗᵗ. Autour : ET AU DESSUS L'AN 4ME DE LA LIBERTE.

74. *Planche XIX.* Dans le champ, sous deux palmes réunies : A LA MANUFACTURE DE PORCELAINE RUE DE CRUSSOL A PARIS 1792. Autour : SEULEMENT POUR FACILITER LA PAYE DE MES OUVRIERS.

R. Dans le champ : 20 SOLS BON POUR PAYABLE A VUE EN ASSIGNATS DE 50 ᵗᵗ. Autour : BILLETS DARGENT POUR PARIS. Le graveur a interverti les deux premières lignes du champ, et mis *20 sols bon pour,* au lieu de *bon pour 20 sols.*

75. *Planche XIX.* Dans le champ : A LA MANUFACTU[RE] DE PORCELAINE RUE DE CRUSSOL POTTER 1792.

R. Dans le champ : B. P. 5 SOLS PAYABLE EN ASSIGNATS DE 50 ᵗᵗ.

76. *Planche XIX.* La baguette surmontée du bonnet, entre une épée et une branche de chêne en sautoir. Autour on lit : DIXIEME DARGENT FIN. Dans le champ : 18 D. [*dix-huit deniers.*] Dans l'exergue : L'AN 4 DE LA LIBERTE.

R. Dans le champ : EN ECHANGE D'ASSIGNATS DE 50 ᵗᵗ. — 1792. Autour : CAISSE METALLIQUE ETABLIE A PARIS.

77. *Planche XXI.* Le buste du Roi. On lit autour, LOUIS XVI ROI DES FRANÇOIS ; et sur le buste, le nom du graveur, DUVIVIER.

R. Entre deux branches de chêne s'élève un faisceau surmonté du bonnet de la liberté. On lit autour : LA NATION LA LOI LE ROI. 1793. 5. DE LA LIB. Dans le champ : 12 D. *[douze deniers.]*

Ce qui rend ces pièces remarquables, c'est qu'elles furent frappées et qu'elles eurent cours après la mort du Roi, quoiqu'elles portassent son effigie.

78. *Planche XX.* Le buste de Louis XVI, couronné de cyprès. Autour on lit : LOUIS XVI ROI DE FR. IMMOLÉ PAR LES FACTIEUX. Sous la tête : F. L. Ce sont les lettres initiales du nom du graveur *F. Loos,* qui a exécuté cette médaille à Berlin.

R. La France, caractérisée par son vêtement semé de fleurs de lis, répand des pleurs sur une urne également couverte de crêpes funèbres, et sur laquelle on lit : LOUIS XVI. On voit sortir de l'urne une épée et un flambeau ; près du pied de l'urne est une couronne renversée. Près de la couronne sont les lettres L A L, probablement *la loi :* ces lettres sont sur un papier déchiré en deux ; sur chaque morceau il y a une fleur de lis. Plus loin sont la hache et le faisceau révolutionnaires. Dans l'exergue : LE XXI IANVIER MDCCXCIII. Autour de la médaille : PLEURÉS ET VENGÉS LE !

79. *Planche XIX.* La tête du Roi. Autour on lit: LUD. XVI REX GALLIÆ DEFUNCTUS, *Louis seize, roi de France, mort;* et sous la tête : IETTON.

R. Une urne, entourée de voiles funèbres, entre un sceptre et une couronne renversés. La légende porte : SOL REGNI ABIIT, *le soleil du royaume a disparu.* Dans l'exergue : DEN 21 IAN. 1793, c'est-à-dire, *le 21 janvier 1793.*

Ce mélange de légendes latines et de mots français et allemands me fait croire que ces jetons ont été fabriqués à Nuremberg, où l'on fait commerce de jetons semblables frappés pour différentes circonstances, et principalement sur les événemens du temps.

80. *Planche XXII.* La Liberté, ailée, tient d'une main la pique surmontée du bonnet, et de l'autre le niveau de l'égalité; elle plane sur le globe, où on lit: UNITE.

UNITE. Autour de la médaille : ELLE FERA LE TOUR DU MONDE. Dans l'exergue : L'AN 2. Au-dessus du globe est le nom du graveur, TIOLIER F.; c'est-à-dire, *Tiolier fecit.*

R. Un œil rayonnant au-dessus d'une montagne. On lit autour : LIBERTÉ TON SOLEIL, CEST L'OEIL DE LA MONTAGNE. Dans l'exergue : REPUBLIQUE UNE INDIVISIBLE.

On appeloit *la montagne* le lieu le plus élevé de la salle de la Convention, où s'asseyoient les plus violens républicains; et, d'après cela, leur réunion se nommoit aussi *la montagne.*

81. *Planche XXII.* Le portrait de Châlier. On lit autour : JOSEPH CHALIER MOURUT POUR LA PATRIE A LYON 1793.

R. Portrait de Marat couronné de laurier. Autour on lit : MARAT DES NATIONS DEFENSEUR INTREPIDE.

On a réuni dans cette médaille d'étain les deux coryphées du parti populaire. Marat fut assassiné par Charlotte Corday, le 13 juillet 1793. Ses images ont été un objet d'idolâtrie, et furent ensuite jetées dans les égouts par toute la France. Châlier, maire de Lyon, fut guillotiné dans cette ville, le 16 juillet 1793 ; et les ardens républicains consacrèrent ses images comme celles d'un martyr de la liberté.

82. *Planche XXII.* La table des droits de l'homme, sur laquelle on lit l'article : LES HOMMES SONT ÉGAUX DEVANT LA LOI. Cette table, sur laquelle on lit le nom du graveur, *Dupré,* est placée entre une grappe de raisin et un faisceau d'épis ; au-dessus il y a un œil rayonnant. On lit autour de la pièce : REPUBLIQUE FRANÇOISE. L'AN II.

R. Une couronne de chêne, dans laquelle paroît une balance dont les bassins sont égaux. La poignée est surmontée du bonnet de la liberté ; et le style sépare ce signe de sa valeur 2. S. *[deux sous.]* Autour on lit : LIBERTÉ ÉGALITÉ. 1793. Le signe AA est celui de la Monnoie de Metz.

83. *Planche XXII.* Même type.

R. Même type. Seulement on lit dans la couronne : 1 S. *[un sou]* ; et le signe monétaire est IB.

Ces pièces d'un sou et de deux sous ont été frappées pour être substituées à celles du n.° 77, qui cependant n'ont pas été retirées de la circulation.

84. *Planche XXII.* Dans le champ : METAL DE LA

CLOCHE GEORCES D'AMBOISE FAITE EN 1501 DETRUITE EN 1793 A ROUEN.

R. Dans le champ : MONUMENT DE VANITÉ DETRUIT POUR L'UTILITÉ L'AN DEUX DE L'ÉGALITÉ.

85. *Planche XXI.* La Liberté, tenant dans une main le faisceau d'où sort la pique, et dans l'autre un bâton surmonté du bonnet, est assise sur un siége circulaire, dont les bras sont ornés d'une tête de coq ; sur la partie inférieure du siége est le niveau de l'égalité. On lit autour : RÉPUBLIQUE UNE ET INDIVISIBLE. Dans l'exergue : NATION FRANÇAISE, et le nom du graveur, DUVIVIER.

R. Le livre de la constitution rayonnant de gloire. On lit sur une page : DROITS DE L'HOMME ; sur l'autre : CONSTITUTION FRANÇAISE ; et dessous, dans le champ de la médaille : CONSTITUTION RÉPUBLICAINE ADOPTÉE ET JURÉE EN PRÉSENCE DE L'ÊTRE SUPRÊME PAR LE PEUPLE FRANÇAIS INDIVIDUELLEMENT CONSULTÉ. — LE 10 AOUST 1793.

86. *Planche XXI.* Minerve, tenant sa pique, présente aux Français le livre de la constitution de 1793, appuyé sur un autel où on lit : LIBERTÉ ÉGALITÉ. Les Français, conduits par l'Égalité, qui tient une

balance, y prêtent serment. On lit autour : RÉPUBLIQ[UE] UNE ET INDIVISIBLE ; et dans l'exergue : REUNION DES FRANCOIS LE 10 AOUT 1793.

R. Dans une couronne de chêne est le bonnet de la liberté ; et dessous on lit : NOUS JURONS DE DÉFENDRE LA CONSTITUTION JUSQU'À LA MORT.

87. *Planche XXIII.* La Nature, figurée sous les traits d'Isis, ayant la tête coiffée de lotus, les bras croisés sur la poitrine, et un lion près d'elle, est assise sur une base carrée, sur laquelle on lit le nom du graveur, DUPRÉ. De ses mamelles sortent des sources fécondes ; auprès sont deux hommes qui tiennent, l'un un petit drapeau, l'autre une branche d'olivier. On lit autour : RÉGÉNÉRATION FRANÇAISE ; et dans l'exergue : 10 AOUT 1793. Au-dessous est le niveau de l'égalité.

R. Au milieu d'une couronne formée par un rameau de chêne et un d'olivier, on lit, 5 DÉCIMES — L'AN 2 ; autour, RÉPUBLIQUE FRANÇAISE ; et la lettre A, signe de la Monnoie de Paris.

Cette médaille étoit destinée à servir de type aux monnoies ; mais elle fut supprimée, parce qu'elle parut presque aussitôt après la mort de Robespierre, qui l'avoit fait faire. Elle est aujourd'hui très-rare.

87 *a. Planche XXIV.* Le génie de la liberté grave avec un style sur un marbre le mot CONSTITUTION : la table est posée sur un autel placé entre le bonnet et le niveau. Sur la base de l'autel est le nom du graveur, DUPRÉ ; et autour de la pièce : REGNE DE LA LOI.

R. Dans une couronne de chêne, PIÈCE D'ESSAI ; autour, REPUBLIQUE FRANÇAISE. 1793.

88. *Planche XX.* Le buste de la Reine avec le diadème ; sur son sein est le médaillon du Roi. On lit autour de la médaille : MARIE ANTOINETTE REINE DE FRANCE ; et sous le buste, le nom du graveur, LOOS.

R. La Furie révolutionnaire, coiffée de serpens, tient d'une main une torche, et de l'autre des balances : dans un bassin sont les attributs de la royauté ; dans l'autre est un poignard qui fait pencher la balance. On lit autour : I'ACCUSE IE IUGE I'EXTERMINE. Dans l'exergue : LE XVI OCTOBRE MDCCXCIII.

89. *Planche XX.* Le buste de la Reine avec le voile et le diadème. Autour on lit : MARIA ANTOINETTE REINE DE FRANCE. Sous le buste, sont les lettres $\frac{A}{S}$ qui désignent probablement le graveur, A. STIERLE.

R. La Furie révolutionnaire semble dans sa plus grande rage ; elle court en brisant sous ses pieds des lis et la balance de la justice. On lit autour : SECONDE VICTIME D'UN PEUPLE REGICIDE. Dans l'exergue : LE XVI OCTOB. MDCCXCIII.

90. *Planche XX.* La même avec le diadème. On lit autour : MARIA ANTONIA FRANKREICHS UNGLÜCKLICHSTE KŒNIGINN, *Marie-Antoinette la plus malheureuse Reine de France.* Sous la tête est le nom du graveur, STIERLE.

R. La France s'appuie sur une urne posée sur une base au pied de laquelle est l'écusson de France brisé, et une épée. On lit autour : WEH ! JEDE THRÆNE WIRD EIN FLUCH DEN ENKELN ! *Ah ! chaque larme sera une malédiction pour les descendans !* Dans l'exergue : DER VOLKSWUTH GEOPFERT D : 16 OCT. 1793 ; *Immolée à la fureur populaire, le 16 octobre 1793.*

Ces médailles, ainsi que celles sur la mort du Roi, n.os 78 et 79, ont été frappées en Prusse et en Allemagne pour les émigrés.

91. *Planche XXI.* La Liberté tient d'une main la baguette surmontée du bonnet ; elle pose l'autre main sur une table appuyée sur un autel et contre un palmier. On y lit : DROITS DE L'HOMME. — ACTE CONSTITUTIONEL. Autour il y a : PREMIERE LEÇON

QUE DONNE LA LIBERTÉ. Dans l'exergue : ESPOIR DE LA PATRIE. Au-dessus est le nom du graveur, DUVIV. *[Duvivier.]*

R. Dans une couronne de chêne et de laurier : PRIX DE L'ÉCOLE DE SOREZE.

92. *Planche XXI.* Un faisceau entre deux couronnes de laurier. Autour : UNITÉ INDIVISIBILITÉ. 1793.

R. Les TABLES DE LA LOI et DES DROITS DE L'HOMME. Autour : LIBERTE EGALITE. L'AN 2.ME DE LA REPUBLIQUE FRANÇOISE.

Pièce d'essai gravée par M. Dupré ; elle n'a pas eu cours.

93. *Planche XXI.* Dans le champ : REPUBLI.E FRANÇOISE. Dans l'exergue : 1793.

R. Dans le champ : L'UNION FAIT SA FORCE.

Pièce d'essai gravée par le même ; elle n'a pas eu cours.

94. *Planche XXIII.* Le faisceau, la pique et le bonnet, au milieu de deux branches de chêne. Autour on lit : REPUBLIQUE FRANÇAISE. 1793 L'AN 2.E

R. Dans le champ : 2 SOLS. Autour : MONOYE DE SIEGE DE MAYENCE.

Cette pièce est du nombre de celles appelées *obsidionales*, c'est-à-dire, qui ont été frappées pour le besoin du moment, dans des villes assiégées.

95. *Planche XXIII.* Même type : REPUBLIQUE FRANÇAISE. 1793 L'AN 2.[E]

R. Dans le champ : 5 SOLS. Autour : MONOYE DE SIEGE DE MAYENCE.

96. *Planche VIII.* Tête de la médaille de Bailly, n.° 25.

R. ASTRONOME, AUTHEUR DE L'HISTOIRE DE L'ASTRONOMIE, MEMBRE DES TROIS ACADÉMIES FRANÇAISE, DES BELLES LETTRES ET DES SCIENCES, PRÉSIDENT DE L'ASSEMBLÉE NATIONALE LE 17 JUIN, ÉLU IER MAIRE DE PARIS LE 15 JUILLET 1789 ET HÉLAS (ici il y a une hache pour indiquer sa fin malheureuse) 11 NOV. 1793.

Ce second revers a été consacré par M. Duvivier, graveur, à la mémoire de Bailly.

97. *Planche XXIII.* On voit à droite un palais sur la face duquel on lit : CONVE *[Convention]*. Une femme assise par terre, ayant près d'elle le livre de la constitution, répand des pleurs sur une urne où on

on lit : AUX MANES DE..... Devant elle s'élève une pyramide entre des cyprès; elle porte ces mots : AUX VICTIM[S] DE L'ANARCHIE; et sur la base on lit : L'AN II DE LA REP. Autour de la médaille est cette légende : HOMMAGE FAIT PAR P. F. P. *[Pierre-François Palloy]* À CHAQUE REPRESENTANT DU PEUPLE. Dans l'exergue : EN THERM.[R] L'AN 3.[ME] DE LA REPUBLIQUE FRANÇAISE.

R. Dans une couronne de laurier, sous un bonnet placé entre deux branches du même arbre : LES 9 ET 10 THERMIDOR LE SÉNAT FRANÇAIS A ÉTÉ RECONU BIEN MÉRITER D'UN PEUPLE LIBRE. Sous cette couronne on lit : CE FER VIENT DES BARREAUX DE LA MAISON DE FORCE OU L'ARBITRAIRE M'AVOIT PRECIPITÉ AVEC LES 73 DEPUTÉS QUI SEMBLENT AINSI QUE LEURS COLLEGUES ECHAPPÉS AUX FUREURS DE L'ANARCHIE ET AVOIR ÉTÉ PRÉSERVÉ POUR SAUVER LA RÉPUBL[E] ET ASSURER DANS NOTRE PATRIE LE REGNE DE LA PAIX ET DES LOIS. PALLOY PATRIOTE.

98. *Planche XXIII.* L'autel de l'égalité, orné du niveau et couronné d'étoiles ; au-dessous la tête de Méduse. Dans le champ : R. F. ; c'est-à-dire, *République française.*

R. Dans le champ : 5 CENTIM. L'AN 3 ; une étoile au-dessous.

Cette pièce d'essai, gravée par M. Dupré, n'a pas été mise dans la circulation.

99. *Planche XXIII.* Un faisceau et une massue réunis par les replis d'un serpent, symbole de l'union, de la force et de la prudence. On lit autour : REPUBLIQUE FRANÇAISE.

R. Dans le champ : 10 CENTIMES. — L'AN 3 ; une étoile au-dessous.

Cette pièce, gravée par le même, n'a pas eu cours.

100. *Planche XXIV.* Au milieu d'une couronne de chêne, est un aigle avec les ailes éployées et tenant dans ses serres une grande clef. On lit autour de la pièce : POST TENEBRAS LUX. Dans l'exergue : 1794.

R. Un astre rayonnant, au milieu duquel on lit : 15 SOLS ; et autour : EGALITE LIBERTE INDEPENDANCE. En bas la lettre W.

101. *Planche XXIII.* Un autel, sur lequel brûle le feu sacré des lettres, s'élève entre un laurier et un palmier, sur un rocher d'où s'échappent des sources vivifiantes. On lit autour : PATRIÆ ET MUSIS. [*A la*

Patrie et aux Muses.] Dans l'exergue : AD ISARAM, c'est-à-dire, *sur l'Isère.*

R. Dans une couronne de chêne : LYCÉE DE GRENOBLE AN IV.

Ce jeton a été frappé par la société littéraire de Grenoble, avant l'arrêté consulaire qui réserve le nom de *lycée* aux établissemens nationaux destinés à l'éducation de la jeunesse.

102. *Planche XXIV.* Le buste de Letellier. Autour on lit : IL SE DONNA LA MORT POUR ÉPARGNER UN CRIME. Sous le buste : A. C. LE TELLIER.

R. Deux branches de chêne réunies. On lit au-dessus : QUE CETTE MÉDAILLE FORMÉE DES BALLES DIRIGEES CONTRE LE SENAT FRANCAIS ETERNIS A LA FOIS SA VICTOIRE SUR LES ROYALISTES ET CONSACRE LA MEMOIRE DU DEPUTE DONT LA MORT FUT LE PRELUDE DES JOURNEES 12, 13, 14 VENDEMIAIRE L'AN 4.ME DE LA REPUBLIQUE FRANCAISE. Sous deux branches de chêne : PAR PALLOY PATRIOTE.

M. Palloy s'est proposé deux buts différens dans la composition de cette médaille. La face est destinée à consacrer la mémoire d'A. C. Letellier, représentant du peuple, qui avoit été envoyé en mission dans la ville de Chartres, où la tranquillité avoit été troublée à l'occasion de la rareté et de la cherté du pain. Il fut d'abord forcé de signer un arrêté illégal, qu'il rétracta ensuite formellement, et se donna la mort après avoir envoyé sa rétractation à toutes les autorités constituées, avec une circulaire, où l'on remarque ces mots : « Je sors de la vie avec un héritage de probité » que je transmets à mes enfans aussi pur que je » l'avois eu de mon respectable père. »

Le revers rappelle la victoire remportée par la Convention sur les sections de Paris révoltées à l'époque indiquée dans l'inscription.

103. *Planche XXVI.* Buste de Barthélemy. Autour on lit : J. JAC. BARTHELEMY NAT. CASSICI IN PROVINC. 1716, OBIIT PARIS. 1795. [*J. Jacques Barthélemy, né à Cassis en Provence en 1716, mort à Paris en 1795.*] Sous le buste, le nom du graveur : B. DUVIVIER F. [*Benjamin Duvivier fecit.*]

R. VIRO REI ANTIQUARIÆ PERITISSIMO, PHŒN. ET PALMYR. LINGG. ELEMENTOR. RESTITUTORI, INSCRIPT. ET GALL. ACADEM. SOCIO, NUMISM. GAZOPHYL. PRÆSIDI, ANACHARSEOS PER GRÆC. ITINER. ENARRATORI. P. S. B. DUVIVIER OFF. MEM. CÆLAT ET DIC. C'est-à-dire, *Homme très-habile dans la connoissance de l'antiquité, restituteur de l'alphabet des langues phénicienne et palmyrénienne, membre de l'académie des inscriptions et de l'académie française, garde du cabinet des médailles, auteur du Voyage d'Anacharsis; consacrée à sa mémoire, et gravée par Benjamin Duvivier.*

Cette médaille est un témoignage de l'amitié de M. Duvivier pour le célèbre auteur d'Anacharsis: tous ses titres à la gloire y sont rassemblés.

104. *Planche XXV.* Dans le champ : CONSEIL DES ANCIENS.

R. Ibid. REPRÉSENTANT DU PEUPLE. La place laissée au-dessus étoit destinée à y graver en creux le nom du représentant.

Cette médaille est celle qui servoit aux représentans du peuple pour se faire reconnoître. Celle des députés appelés au conseil des Cinq-cents étoit la même, excepté qu'on y lisoit : CONSEIL DES CINQ-CENTS.

105. *Planche XXV.* Portrait de Pie VI, coiffé d'une simple calotte et vêtu de l'amict, avec cette inscription : PIUS SEXTUS PONT. MAX. A. XXI, *Pie VI Souverain Pontife, vingt-unième année.*

R. Le Pape, sur son trône, reçoit les ecclésiastiques français déportés, qui lui sont présentés par un camérier; auprès de lui est un cardinal. L'inscription porte : CLERO GALLIA PULSO HOSP. IN ITAL. PRÆBUIT ; c'est-à-dire, *L'hospitalité donnée en Italie au clergé banni de France.*

106. *Planche XXV.* La table des lois, soutenue par un sceptre terminé par l'œil de la justice rayonnant. On lit sur cette table, en haut : CONSTITUTION DE L'AN TROIS. — Plus bas à gauche : LOIS CIVILES I, II. A droite : LOIS CRIMINE I, II. Autour : REPUBLIQUE FRANÇAISE.

R. Deux branches, l'une de chêne, l'autre d'olivier, tenues par le ruban tricolor. Au-dessus : DEPARTEMENT DE LA SEINE. Dans le champ : TRIBUNAUX CIVIL ET CRIMINEL. Une place vide pour le nom du juge.

107. *Planche IV.* La Liberté tient le faisceau et la pique. Elle est sur une base ornée du miroir de la Vérité, de la main de la Justice, et des balances de l'Équité. On lit autour : RÉPUBLIQUE FRANÇAISE ; et dans l'exergue : MAURISSET.

R. Dans une couronne formée d'une branche de chêne et d'une branche de laurier : ACTION DE LA LOI; TRIBUNAL DE PREMIÈRE INSTANCE. Plus bas : M, sans doute MAURISSET.

Ces médailles ovales servoient à distinguer les

huissiers des divers tribunaux. *Maurisset* est le nom de celui qui les a fait frapper. Les médailles des huissiers des tribunaux d'appel étoient semblables à celles-ci. Au lieu de TRIBUNAL DE PREMIÈRE INSTANCE on y lisoit : TRIBUNAL D'APPEL.

108. *Planche XXV.* Hercule, symbole de la force du peuple, unissant la Liberté et l'Égalité, qui se donnent la main en signe d'union. La Liberté tient la pique surmontée du bonnet, et l'Égalité tient le niveau. On lit autour : UNION ET FORCE ; et dans l'exergue, le nom du graveur, DUPRÉ.

R. Dans une couronne formée d'une branche de chêne et d'une de laurier, on lit : 5 FRANCS. — L'AN 5. Autour : RÉPUBLIQUE FRANÇAISE. La lettre A, qu'on voit sur une partie de ces pièces, est le signe de la Monnoie de Paris.

Sur la tranche on lit : GARANTIE NATIONALE.

109. *Planche XXV.* Le buste de la République personnifiée, et coiffée du bonnet phrygien (comme celui du n.° 111). Autour : RÉPUBLIQUE FRANÇAISE; au-dessous, le nom du graveur, DUPRÉ.

R. Dans une couronne de chêne : 2 DECIMES L'AN 5. A.

110. *Planche XXV.* Comme au n.° 111.

R. Dans une couronne de chêne : UN DECIME L'AN 5. A.

111. *Planche XXV.* Le buste de la République personnifiée, et coiffée du bonnet phrygien. Autour : RÉPUBLIQUE FRANÇAISE. Sous le buste : *Dupré.*

R. Dans une couronne de chêne : CINQ CENTIMES L'AN 5. A.

112. *Planche XXV.* Comme au n.° 111.

R. Dans le champ : UN CENTIME L'AN 6. A.

113. *Planche X.* Le buste de Charles IV, roi d'Espagne, couronné de laurier. On lit autour : CAROLUS. IIII. DEI. GRATIA. 1795.

R. Les armes d'Espagne avec la légende PLUS ULTRA, et autour : M. 8. R. F. M. HISPAN. ET IND. REX.

Cette pièce est une piastre d'Espagne. Ce qui la rend remarquable et la classe dans cette suite, c'est le portrait du Prétendant, Louis XVIII, qui est frappé sur le cou du buste de Charles IV. Les Anglais avoient ainsi fait contre-marquer ces pièces pour le paiement des troupes des Vendéens révoltés.

114.

114. *Planche XXIV.* Le bâton d'Æsculape entouré du serpent : SOCIETE DE MEDECINE DE PARIS. Plus bas : I.[RE] SEANCE LE 2 GERMINAL AN 4 DE LA REP. FR. 22 MARS. 1796.

R. Dans une couronne de laurier : PRIX D'ÉMULATION.

115. *Planche. XXVI.* Dans une couronne de fleurs : L'YCÉE DES ARTS. Autour : PRIX DÉCERNÉ PAR LA FRATERNITÉ. Au bas : FONDÉ EN 1793.

R. Dans une couronne formée d'une branche de chêne et d'une branche de laurier : UTILITÉ PUBLIQUE. Autour : LES ARTS NOURISSENT L'HOMME ET LE CONSOLENT.

Cette médaille est celle que le Lycée des arts distribuoit aux auteurs d'inventions utiles ; elle ne sert plus, à cause de la ridicule apostrophe après la lettre L dans le mot LYCÉE, qui a donné lieu à une espèce de procès entre le graveur et la société.

116. *Planche XXVI.* Apollon Lycéen, tenant le bras droit sur la tête en signe de repos, son arc dans sa main gauche, et appuyé sur un tronc de laurier autour duquel s'entortille un serpent. On lit autour : LYCÉE DES ARTS. Dans l'exergue : 1792.

R. Dans une couronne formée d'une branche de chêne et d'une branche de laurier : AUX ARTS.

Ce jeton est celui qui est distribué aux membres du Lycée des arts, appelé aujourd'hui Athénée des arts.

117. *Planche XXVI.* Minerve armée, ayant à ses pieds des instrumens d'architecture, et tenant la haste et le niveau. On lit autour : CONSOCIARE AMAT; c'est-à-dire, *elle aime à réunir.*

R. Dans le champ, au-dessus d'un fleuron : SOCIÉTÉ PHILOTECHNIQUE.

C'est le jeton d'une société d'amis des arts et des lettres qui s'assemble à Paris.

FIN.

TABLE
DES MATIÈRES.

GRAVEURS.

FIN DE LA TABLE.

OUVRAGES
DU MÊME AUTEUR.

Magasin encyclopédique, ou Journal des sciences, des lettres et des arts.

Ce Journal, auquel la plupart des hommes qui ont un nom distingué, une réputation justement acquise, fournissent des mémoires, contient l'extrait ou la notice des principaux ouvrages nationaux et étrangers; on s'attache sur-tout à en donner une analyse exacte, et à la faire paroître le plus promptement possible après leur publication.

On y insère les mémoires les plus importans sur toutes les parties des arts et des sciences; on choisit principalement ceux qui sont propres à en accélérer les progrès: on y publie également les découvertes ingénieuses, les inventions utiles dans tous les genres; on y rend compte des expériences nouvelles; on y donne un précis de ce que les séances des sociétés littéraires ont offert de plus intéressant, une description de ce que les dépôts d'objets d'arts et de sciences renferment de plus curieux. On y trouve des notices sur la vie et les ouvrages des savans, des littérateurs et des artistes distingués dont on regrette la perte; enfin les nouvelles littéraires de toute espèce.

Ce Journal est composé de six volumes in-8.° par an. Il paroît le premier de chaque mois une livraison de 15 feuilles, faisant 240 pages.

Le prix de ce Journal est fixé à 9 fr. pour 3 mois, 18 fr. pour 6 mois, 36 fr. pour un an, tant pour Paris que pour les départemens, franc de port.

Monumens antiques, tant inédits que nouvellement expliqués, ou Collection de statues, bas-reliefs, bustes, peintures, mosaïques, gravures, vases, inscriptions et instrumens tirés des collections nationales et particulières, et accompagnés d'un texte explicatif. *De l'Imprimerie impériale*, 2 vol. in-4.° de 800 pages, ornés d'environ 80 planches....... 72 fr.

Les gravures sont de la plus grande fidélité, et plus ou moins terminées, selon la nature et l'intérêt des objets qu'elles représentent. Plusieurs sont gravées au burin, d'autres à l'eau-forte, et plusieurs au simple trait.

Cette collection de monumens inédits est destinée à faire suite aux Recueils de Caylus et de M. Guattani, qui sont dans le même format, et qui contiennent un grand nombre de monumens, dont les gens de lettres et les artistes ont fait un usage utile pour l'explication d'une foule de faits relatifs à l'histoire des arts et de l'antiquité.

Antiquités nationales ou Monumens français, tels que tombeaux, inscriptions, statues, mosaïques, fresques, tirés des abbayes, monastères, châteaux et autres lieux (presque tous monumens détruits), 5 vol. in-fol. fig. prem. épr. br. en carton.................... 250 fr.

Dictionnaire de la fable, 2 vol. in-8.°, br............... 7 fr.

Dictionnaire des beaux-arts, 3 vol. in-8.°, br. .... 24 fr.

SOUS PRESSE.

Histoire métallique de l'Empereur Napoléon, depuis ses premières campagnes en Italie jusqu'à ce jour.

Voyage dans les départemens du midi de la France, 4 vol. in-8.° avec atlas.

IMPRIMÉ

Par les soins de J. J. Marcel, Directeur général de l'Imprimerie impériale, Membre de la Légion d'honneur.

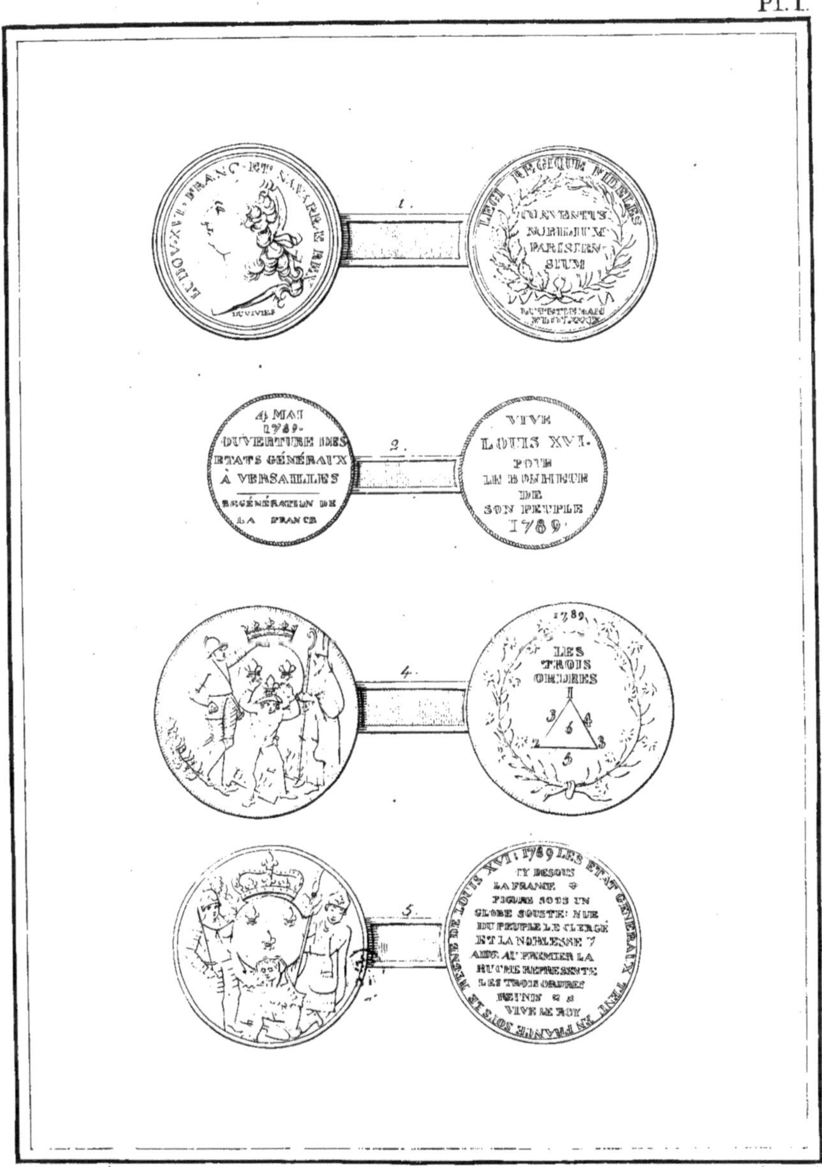

Garnerey del.

Pl. II.

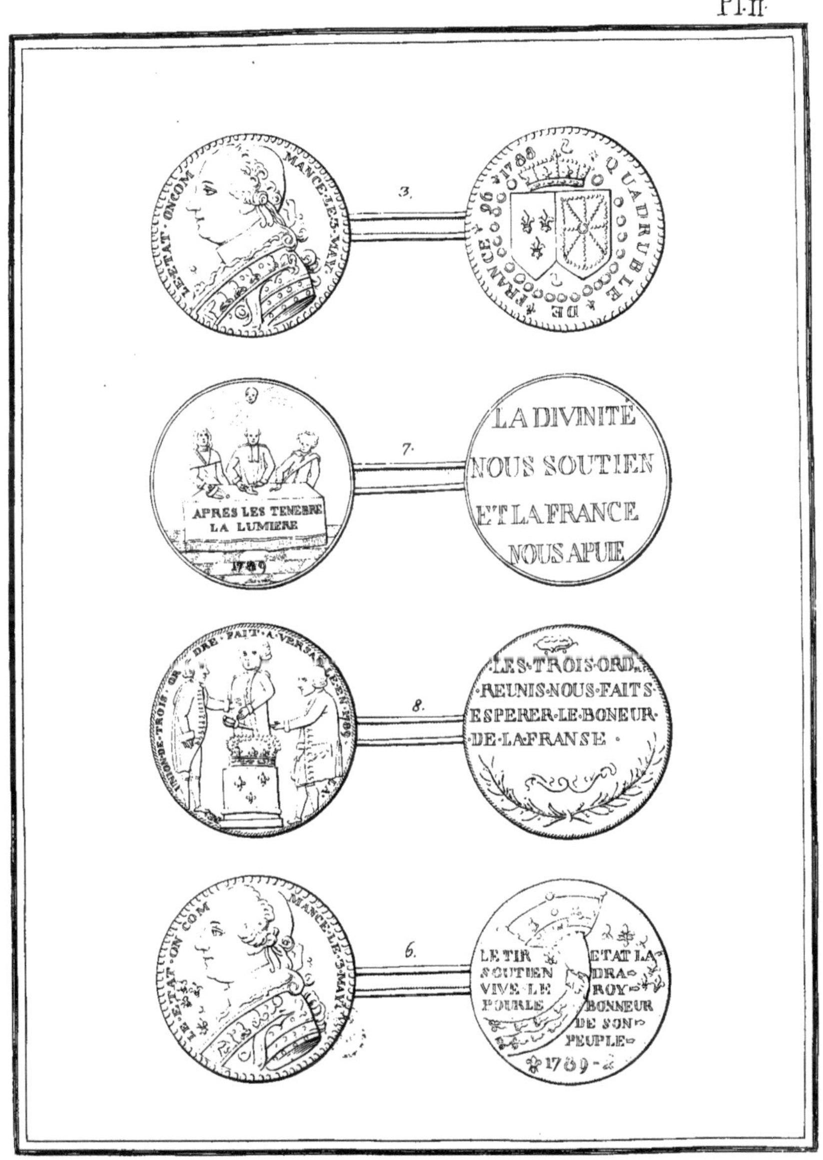
3.
QUADRUBLE DE FRANCE
7.
APRES LES TENEBRE LA LUMIERE
1789
LA DIVINITE
NOUS SOUTIEN
ET LA FRANCE
NOUS APUIE
8.
·LES·TROIS·ORD.
·REUNIS·NOUS·FAITS·
ESPERER·LE·BONEUR·
·DE·LA·FRANSE ·
6.
LE TIR
SOUTIEN
VIVE LE
POURLE
ETAT LA
DRA
ROY
BONNEUR
DE SON
PEUPLE
1789

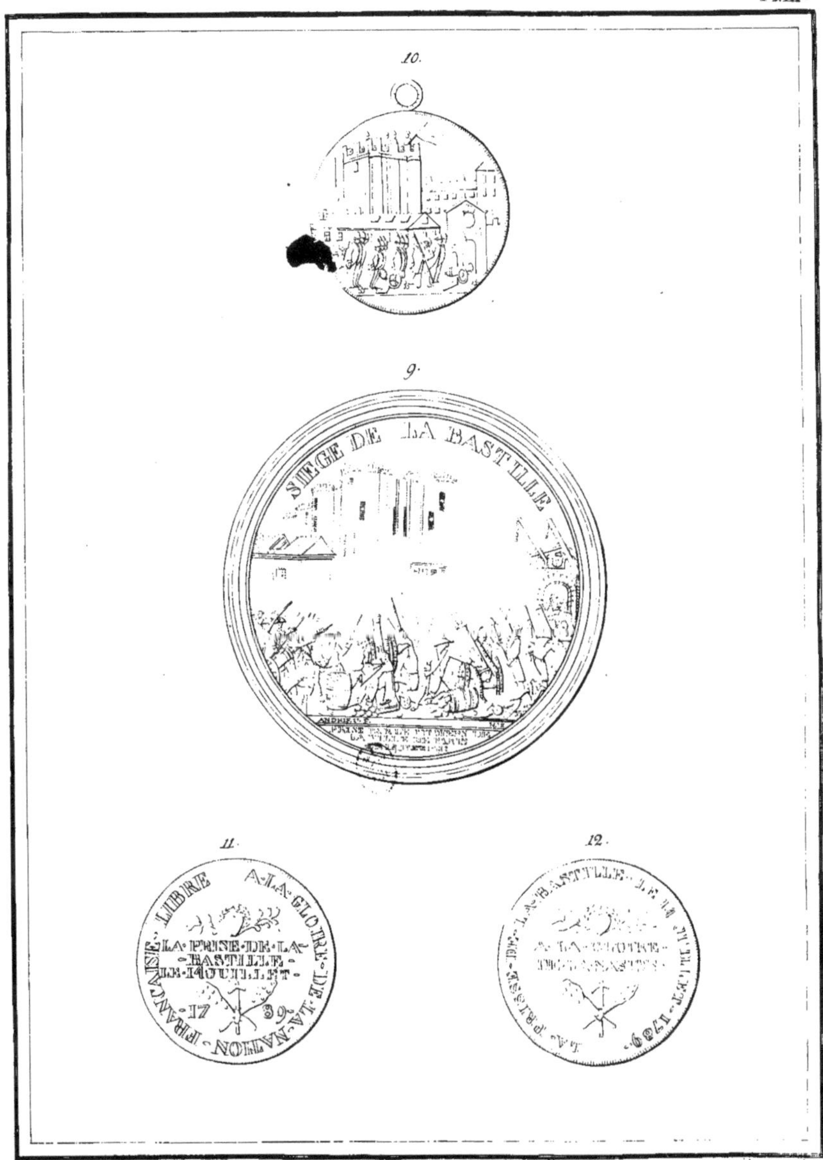

Garnerey del.

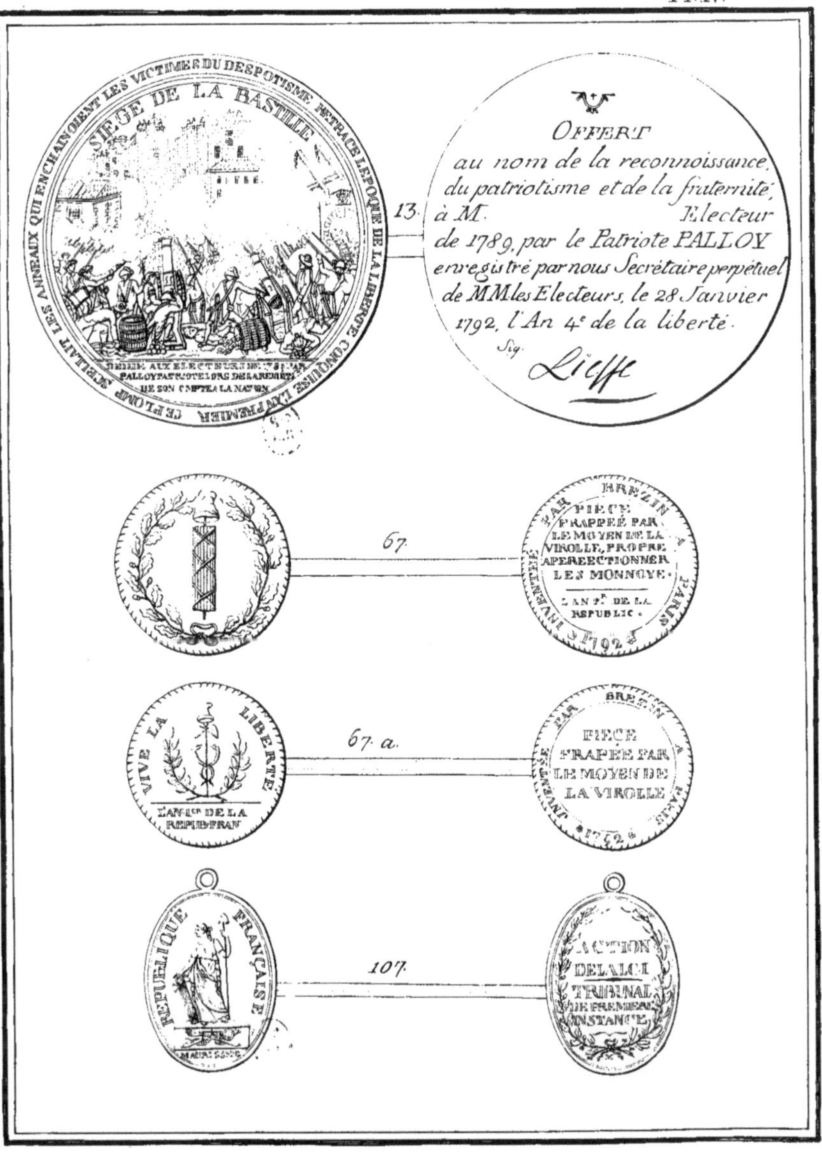
CE PLOMB SCELLAIT LES ANNEAUX QUI ENCHAINOIENT LES VICTIMES DU DESPOTISME RETRACE L'EPOQUE DE LA LIBERTÉ CONQUISE L'AN PREMIER
SIEGE DE LA BASTILLE
13.
Offert
au nom de la reconnoissance,
du patriotisme et de la fraternité,
à M. Electeur
de 1789, par le Patriote PALLOY
enregistré par nous Secrétaire perpétuel
de MM. les Electeurs, le 28 Janvier
1792, l'An 4ᵉ de la liberté.
Sig. Lieff
67.
INVENTÉE PAR BREZIN A PARIS
PIECE FRAPPÉE PAR LE MOYEN DE LA VIROLLE, PROPRE A PERFECTIONNER LES MONNOYE
L'AN 1ᵉʳ DE LA REPUBLIC.
1792
67. a.
VIVE LA LIBERTE
L'AN 1ᵉʳ DE LA REPUB. FRAN.
INVENTÉE PAR BREZIN A PARIS
PIECE FRAPPÉE PAR LE MOYEN DE LA VIROLLE
1792
107.
REPUBLIQUE FRANÇAISE
ACTION DE LA LOI
TRIBUNAL DE PREMIERE INSTANCE

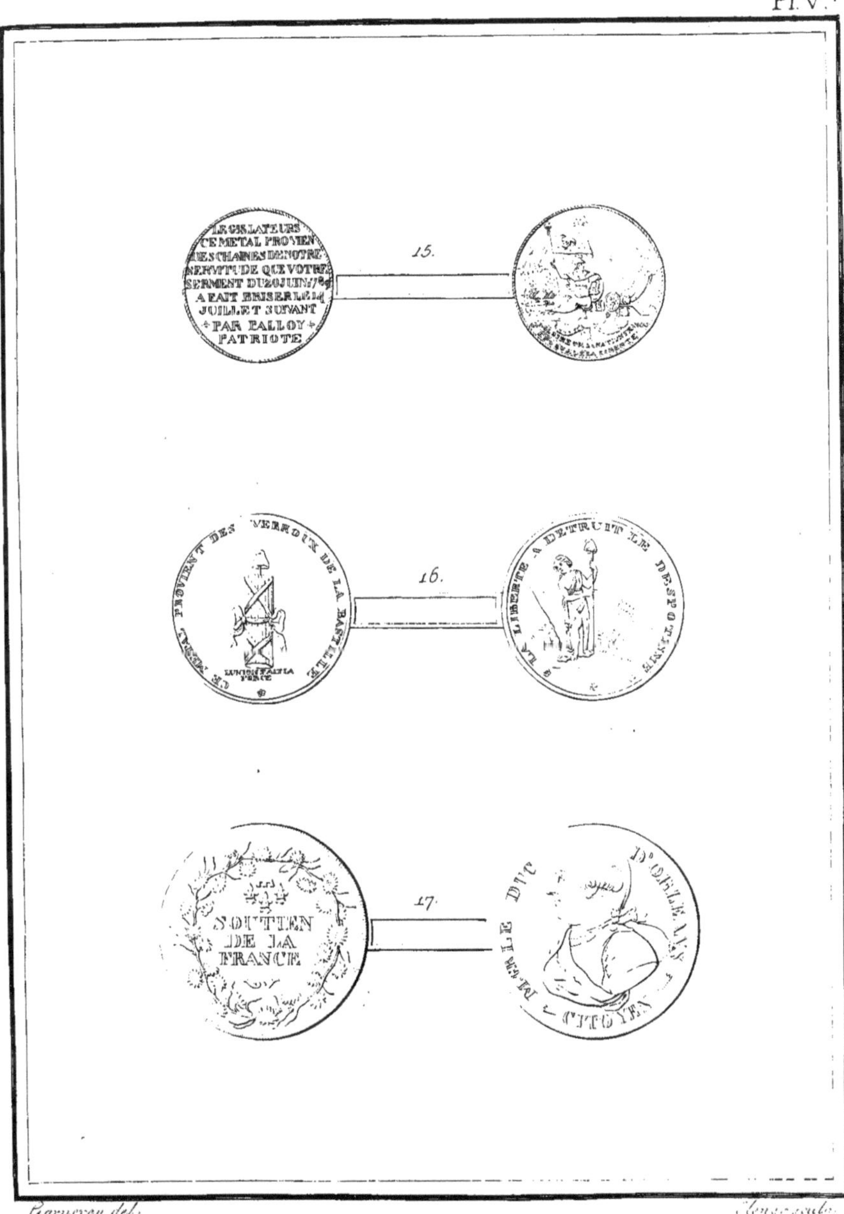

Garneray del.

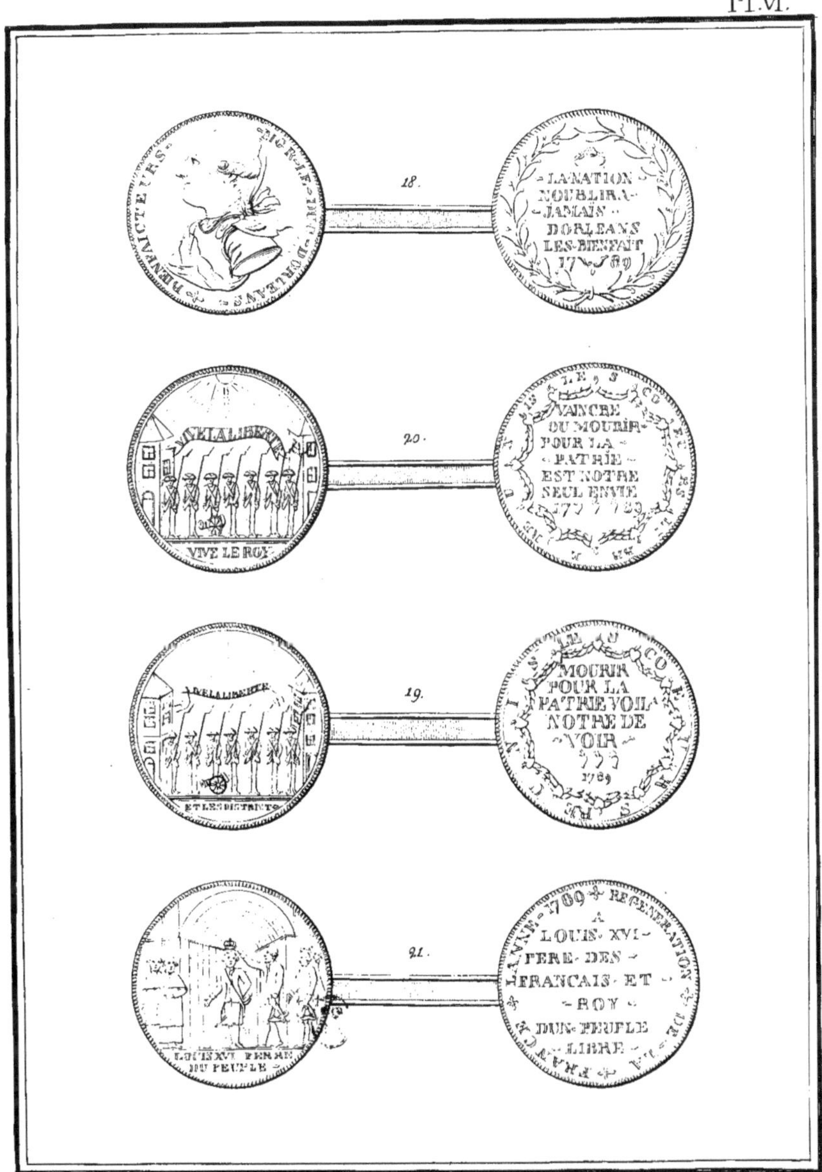
18.
BIENFAICTEURS · MGR · LE · DUC · D'ORLEANS
LA NATION
NOUBLIRA
JAMAIS
DORLEANS
LES BIENFAIT
17 89
20.
VIVE LE ROY
VAINCRE
OU MOURIR
POUR LA
PATRIE
EST NOTRE
SEUL ENVIE
1789
19.
ET LES DISTRICTS
MOURIR
POUR LA
PATRIE VOILA
NOTRE DE
VOIR
1789
21.
LOUIS XVI PERE
DU PEUPLE
L'ANNEE 1789 REGENERATION DE LA FRANCE
A
LOUIS XVI
PERE DES
FRANCAIS ET
ROY
DUN PEUPLE
LIBRE

Clesior s.

33.
DONNÉ PAR LA COMMUNE DE PARIS
AUX
BONNES
CITOIENNES
LE 8. OCT.
1789
23.
LOUIS XVI
VILLE DE PARIS
1789
24.
LIBERTÉ
1789

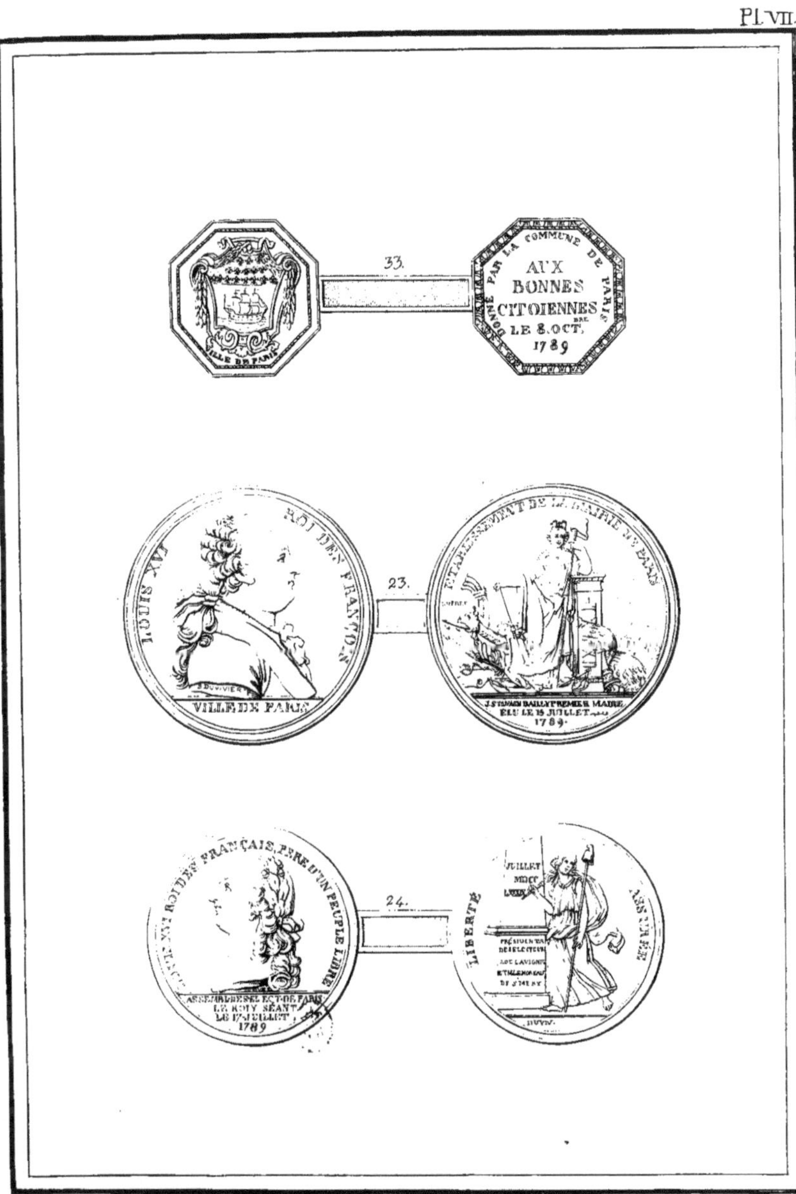

Garnery d.

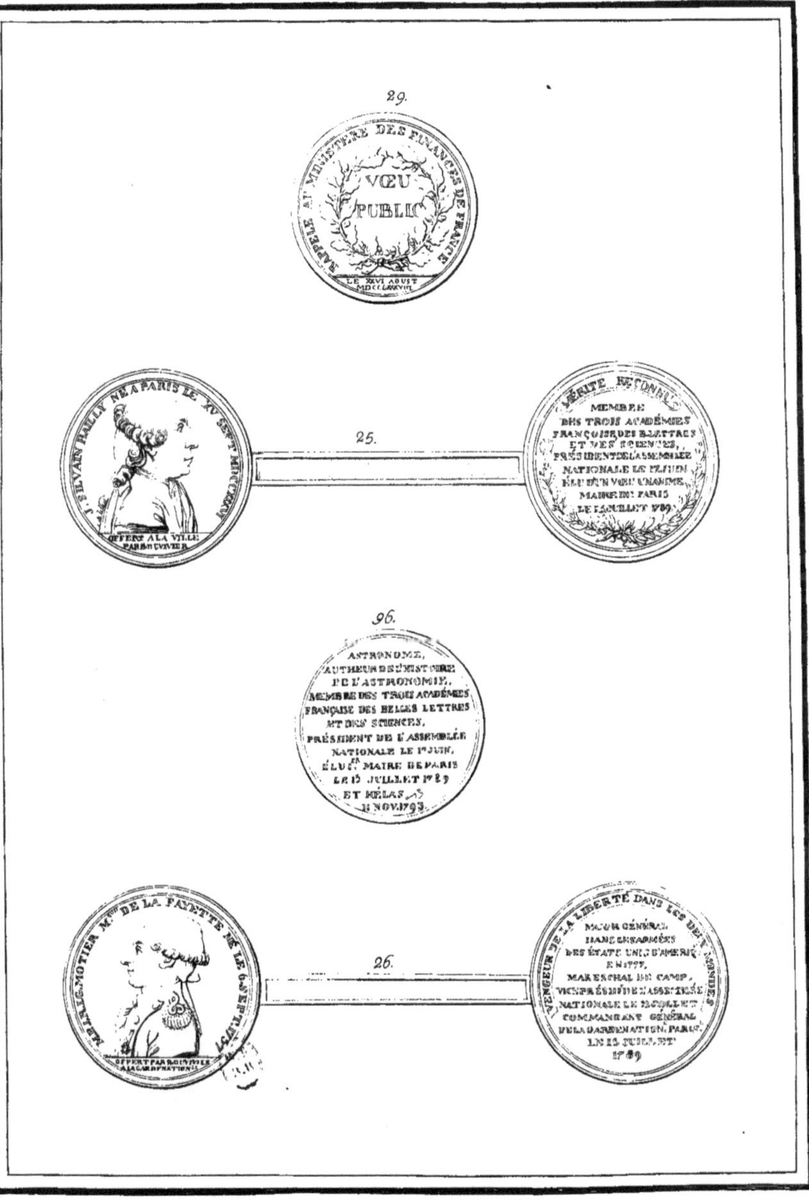
29.
RAPPELE AU MINISTERE DES FINANCES DE FRANCE
VŒU
PUBLIC
LE XXVI AOUST
25.
J. SILVAIN BAILLY NÉ A PARIS LE XV SEPT MDCCXXXVI
OFFERT A LA VILLE
MÉRITE RECONNU
MEMBRE
DES TROIS ACADÉMIES
NATIONALE LE 17 JUIN
MAIRE DE PARIS
96.
ASTRONOME,
AUTHEUR DE L'HISTOIRE
DE L'ASTRONOMIE,
MEMBRE DES TROIS ACADÉMIES
FRANÇAISE DES BELLES LETTRES
ET DES SCIENCES,
PRÉSIDENT DE L'ASSEMBLÉE
NATIONALE LE 17 JUIN,
ÉLU 1ER MAIRE DE PARIS
LE 15 JUILLET 1789
ET HÉLAS
11 NOV. 1793.
26.
M. J. P. J. G. MOTIER M.IS DE LA FAYETTE NÉ LE 6 SEPT 1757
VENGEUR DE LA LIBERTÉ DANS LES DEUX MONDES
MAJOR GÉNÉRAL
DANS LES ARMÉES
DES ÉTATS UNIS D'AMERIQ
MARESCHAL DE CAMP,
NATIONALE LE 13 JUILLET
COMMANDANT GÉNÉRAL
LE 15 JUILLET
1789

Garnerey del.

Pl.X.

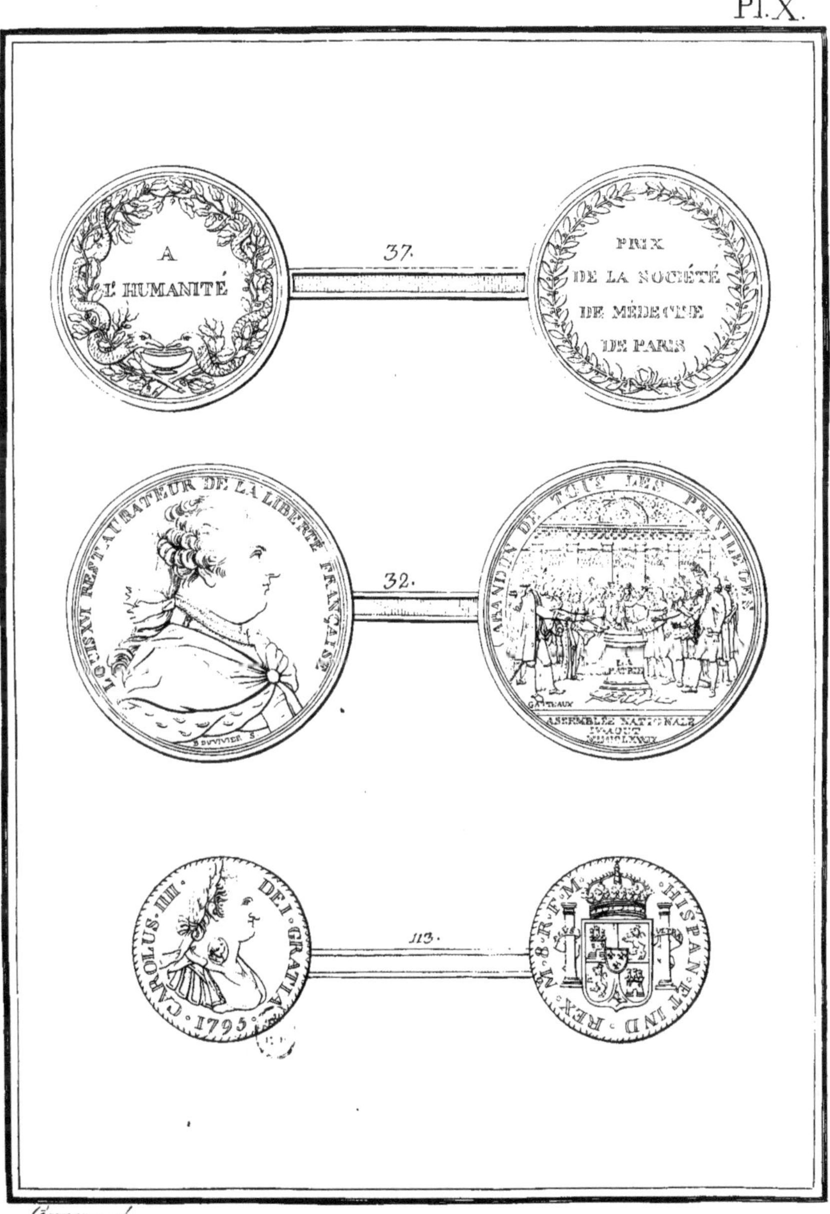

Garnerey d.

Garneray del. Ulener sculp.

Pl. XII.

49.
FIDEL A LA NATION
AU LOI AU ROI
14.
PRISE DE LA BASTILLE ET DU
JUILLET
30.
MINISTRE D ETAT
22.

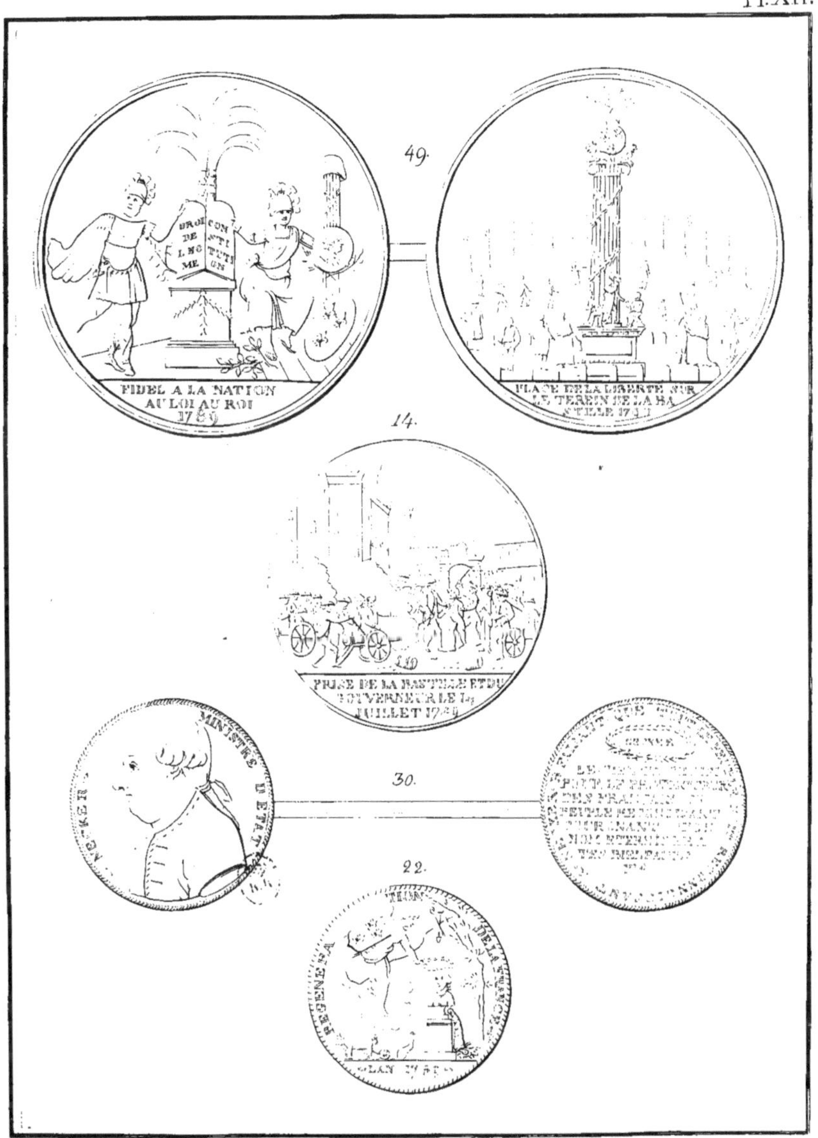

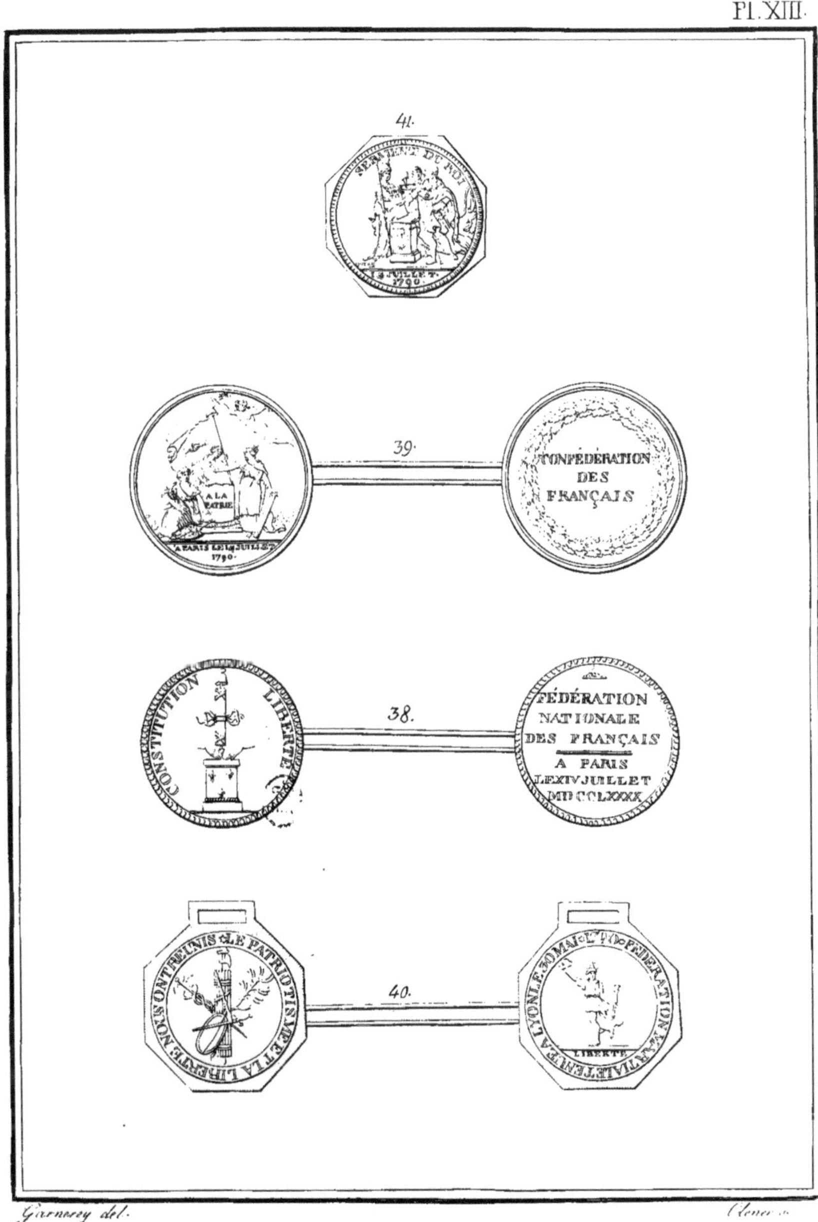

Garneray del. *Cl… sc.*

Pl. XIV.

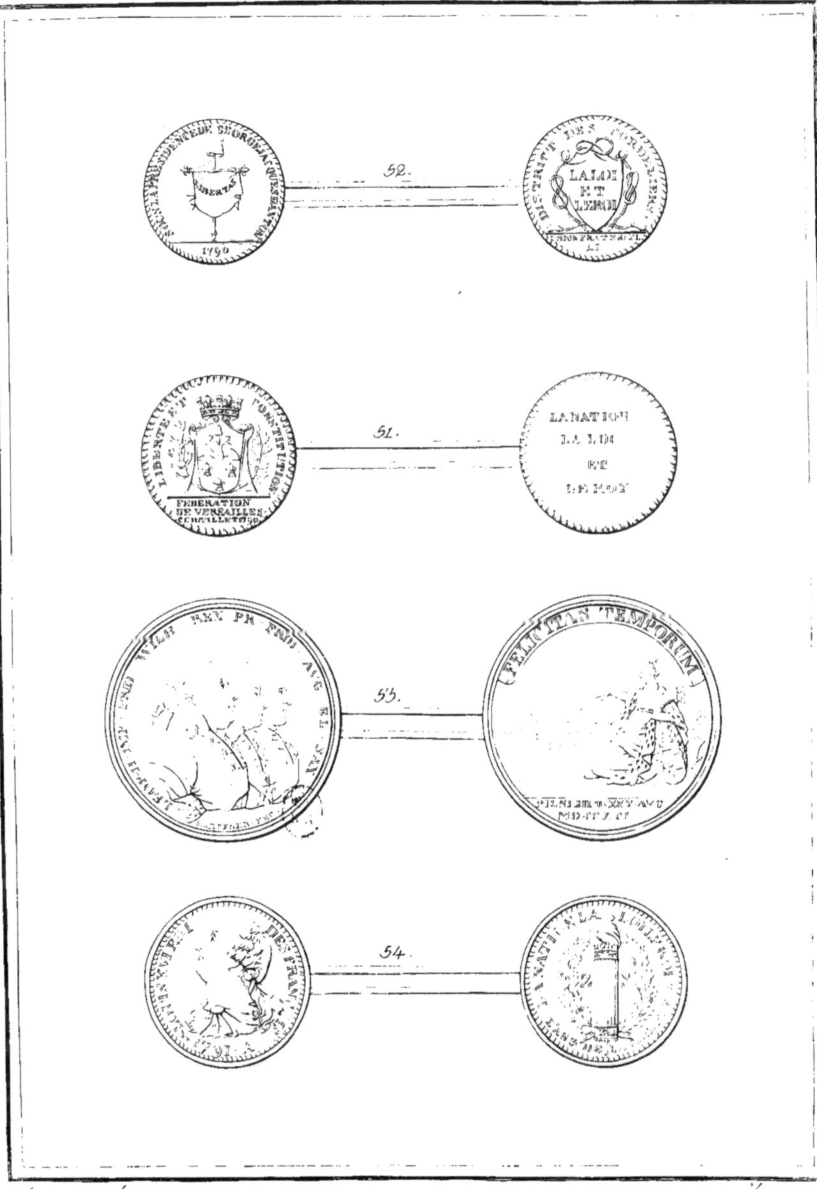
52.
LIBERTAS
1790
DISTRICT DES CORDELIERS
LA LOI
ET
LE ROI
51.
LIBERTE ET CONSTITUTION
FEDERATION
DE VERSAILLES
LA NATION
LA LOI
ET
LE ROY
53.
FELICITAS TEMPORUM
54.

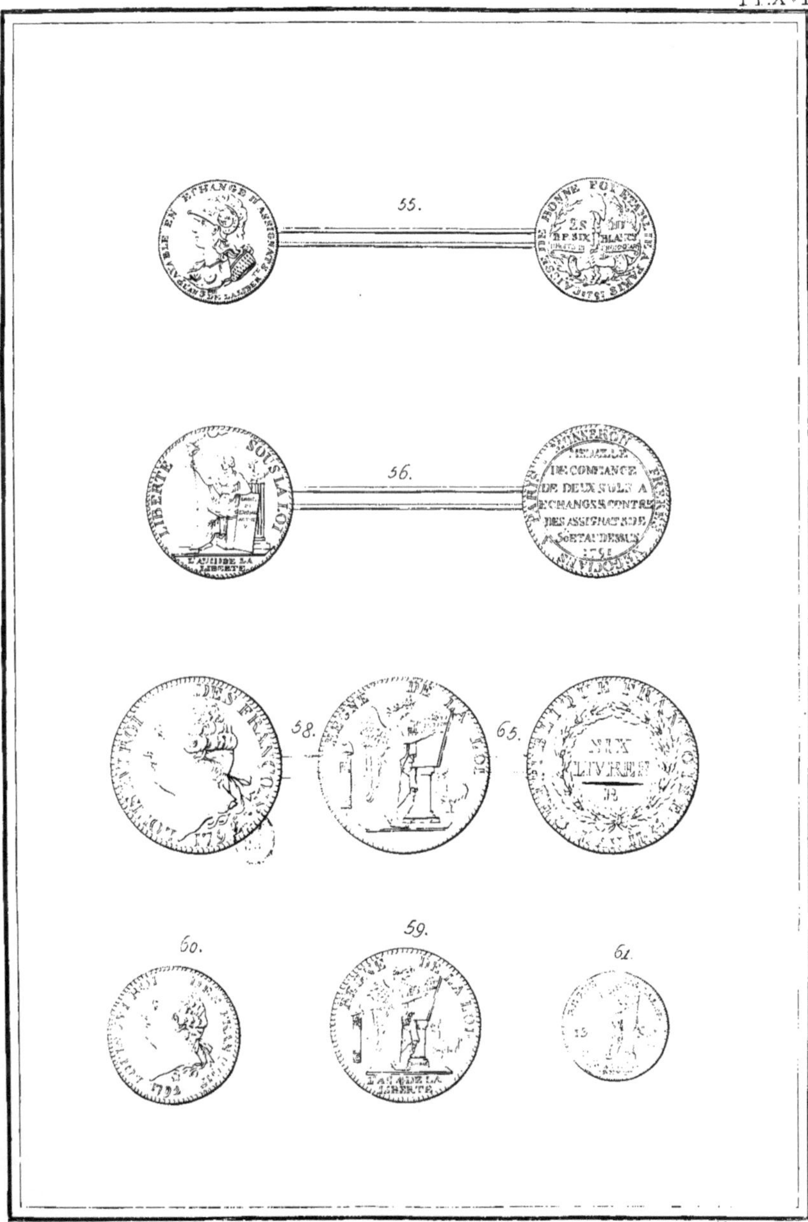
55.
56.
LIBERTE SOUS LA LOI
DE CONFIANCE
DE DEUX SOLS A
58.
65.
DES FRANÇOIS
SIX
LIVRES
60.
1792
59.
61.

Pl. XVII.

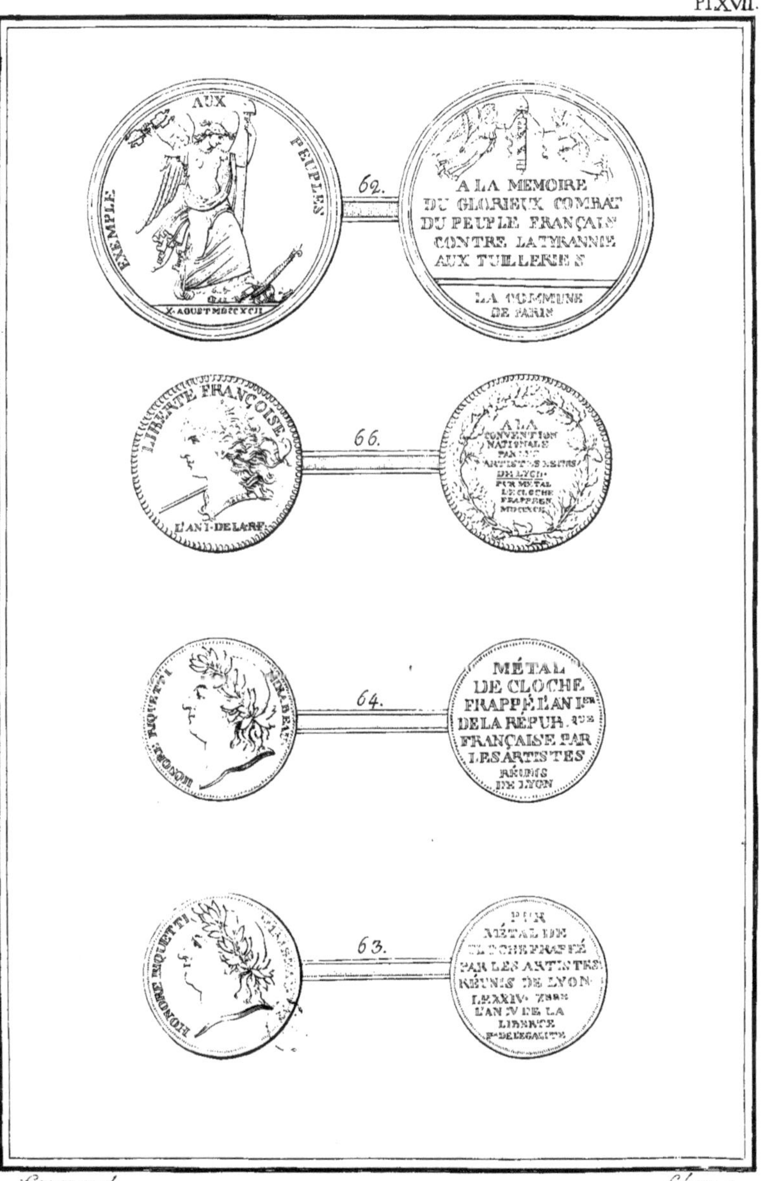

Garnerey d.

Clener s.

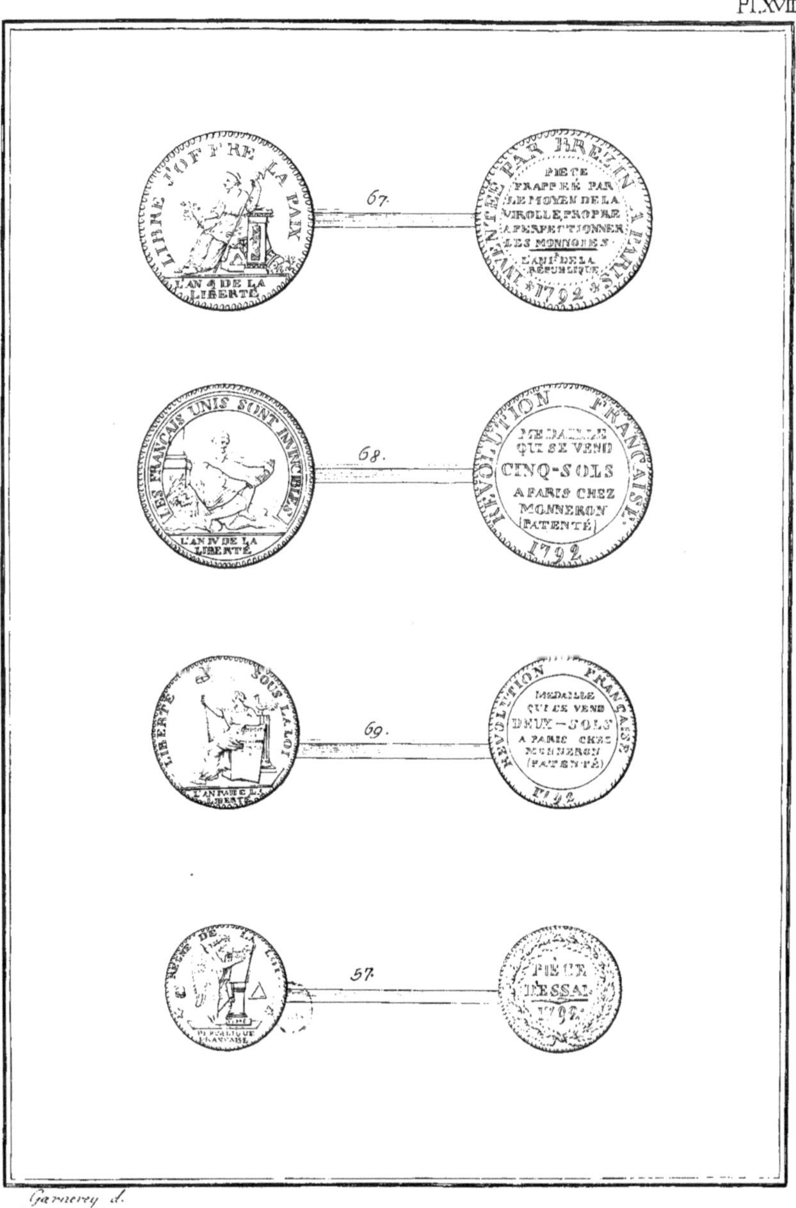
LIBRE J'OFFRE LA PAIX
L'AN 4 DE LA LIBERTÉ
67.
INVENTÉE PAR BREZIN A PARIS
PIECE FRAPPÉE PAR LE MOYEN DE LA VIROLLE PROPRE A PERFECTIONNER LES MONNOIES
L'AN I DE LA REPUBLIQUE
1792
LES FRANCAIS UNIS SONT INVINCIBLES
L'AN IV DE LA LIBERTÉ
68.
REVOLUTION FRANCAISE
MEDAILLE QUI SE VEND CINQ-SOLS A PARIS CHEZ MONNERON PATENTÉ
1792
LIBERTÉ SOUS LA LOI
69.
REVOLUTION FRANCAISE
MEDAILLE QUI SE VEND DEUX-SOLS A PARIS CHEZ MONNERON (PATENTÉ)
1792
57.
PIECE D'ESSAI
1792

Garnerey d.

Pl.XIX.

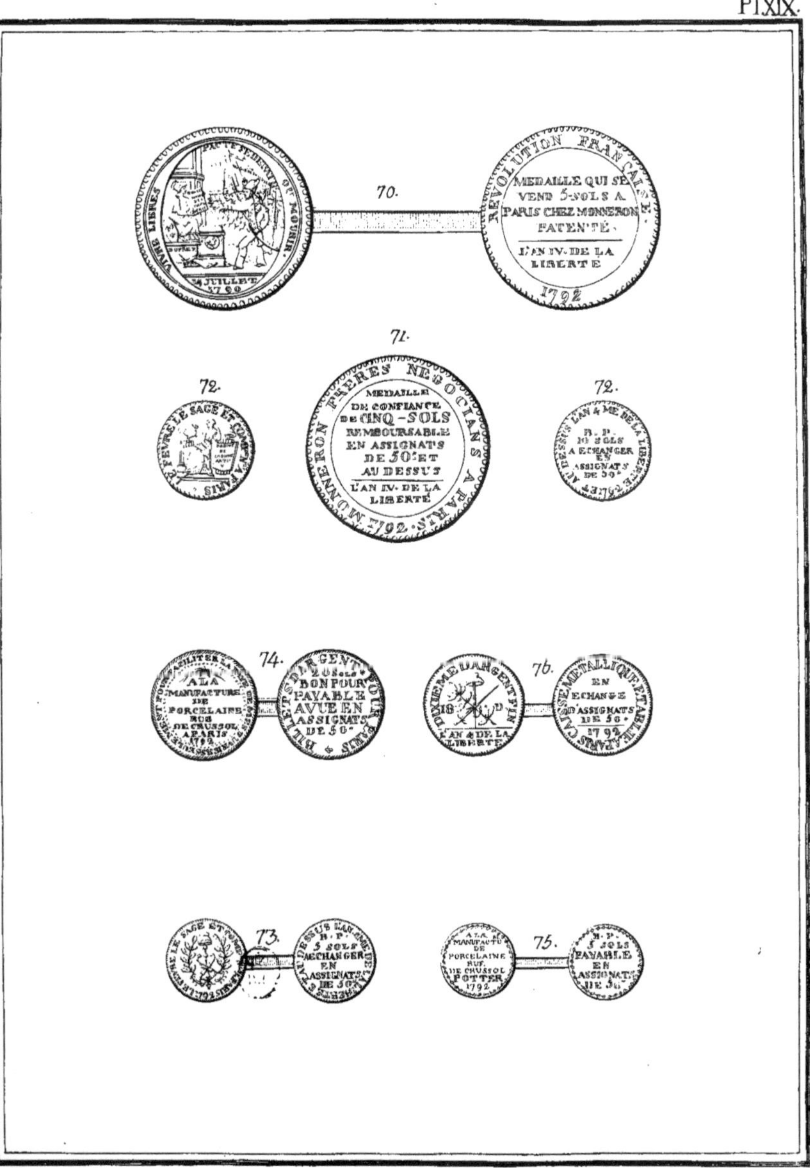

Gamerey del.

Pl.XX.

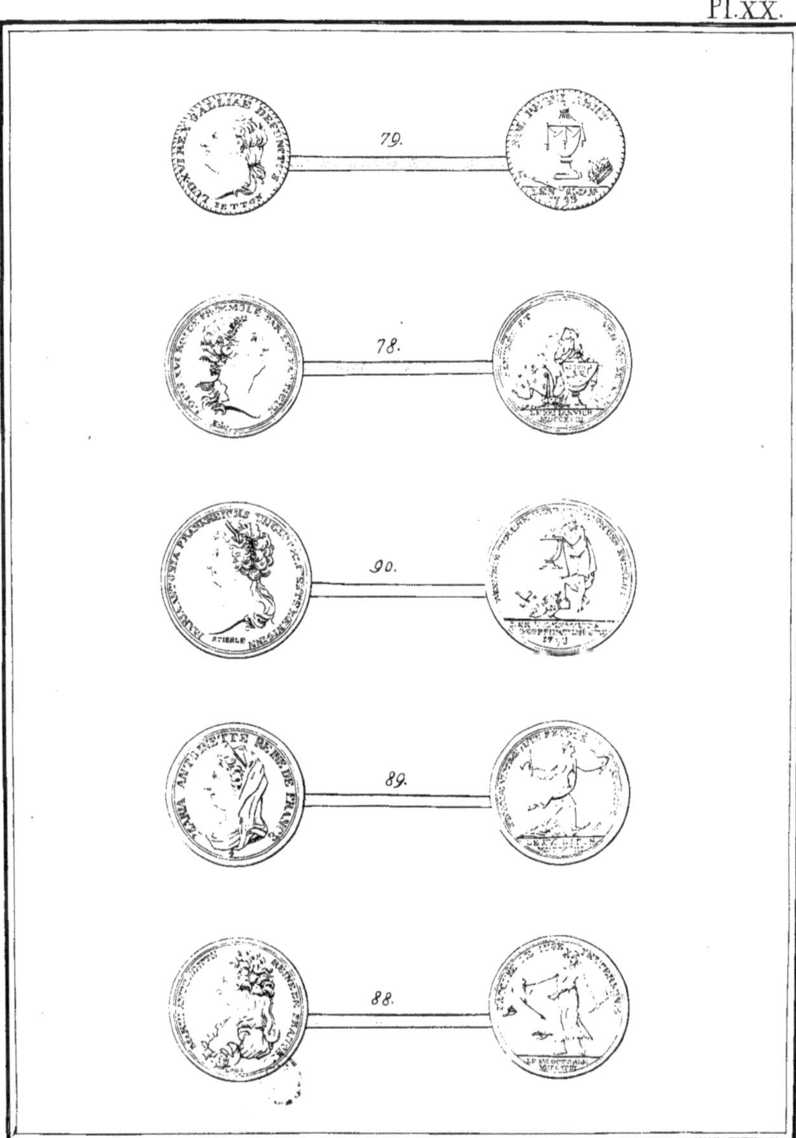

Garnerey d.

Pl. XXI.

RÉPUBLIQUE UNE ET INDIVISIBLE
LE 10 AOUT
1793
86.
NOUS JURONS DE DÉFENDRE LA CONSTITUTION JUSQU'À LA MORT
RÉPUBLIQUE UNE ET INDIVISIBLE
NATION FRANÇAISE
85.
CONSTITUTION RÉPUBLICAINE ADOPTÉE ET JURÉE EN PRÉSENCE DE L'ÊTRE SUPRÊME PAR LE PEUPLE FRANÇAIS INDIVIDUELLEMENT CONSULTÉ
LE 10 AOUST
1793
LA LIBERTÉ
ESPOIR DE LA PATRIE
91.
PRIX DE L' ÉCOLE DE SOREZE
LOUIS XVI ROI DES FRANÇOIS
77.
LA NATION LA LOI LE ROI
1793
92.
LIBERTÉ ÉGALITÉ
RÉPUBLIQUE FRANÇOISE 1793
93.
L'UNION FAIT SA FORCE

Pl. XXII.

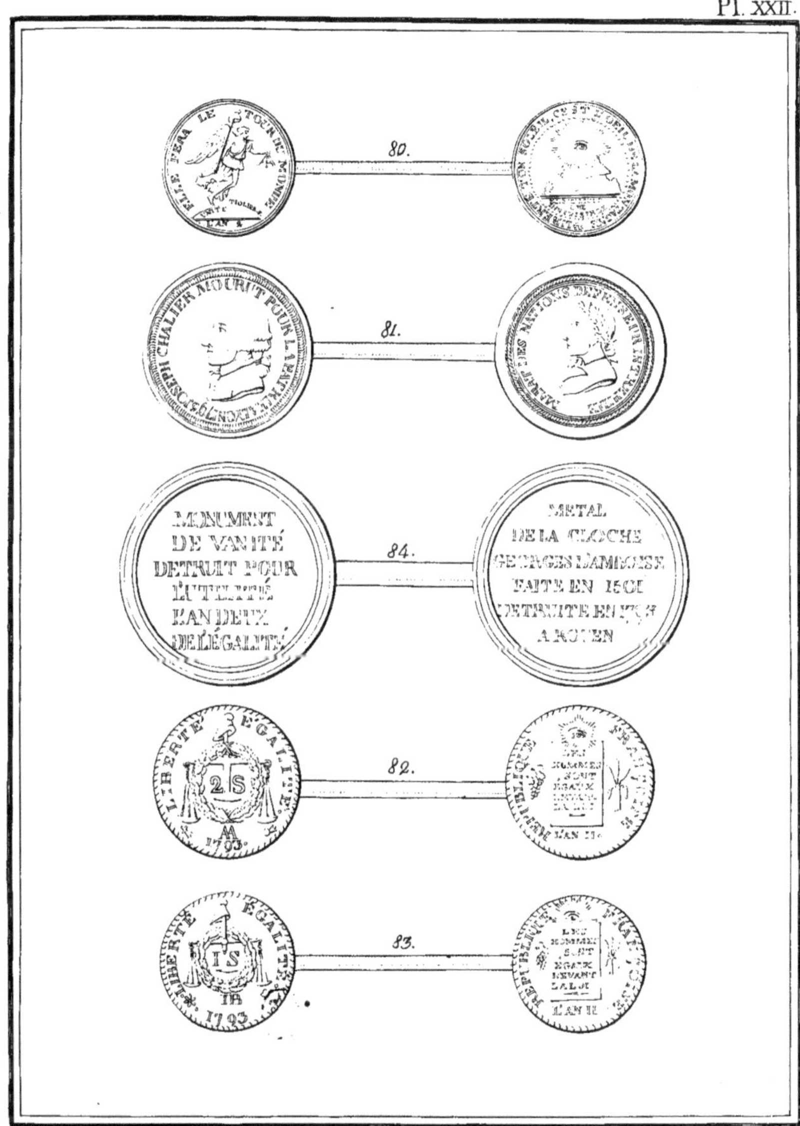

Garnerey d.

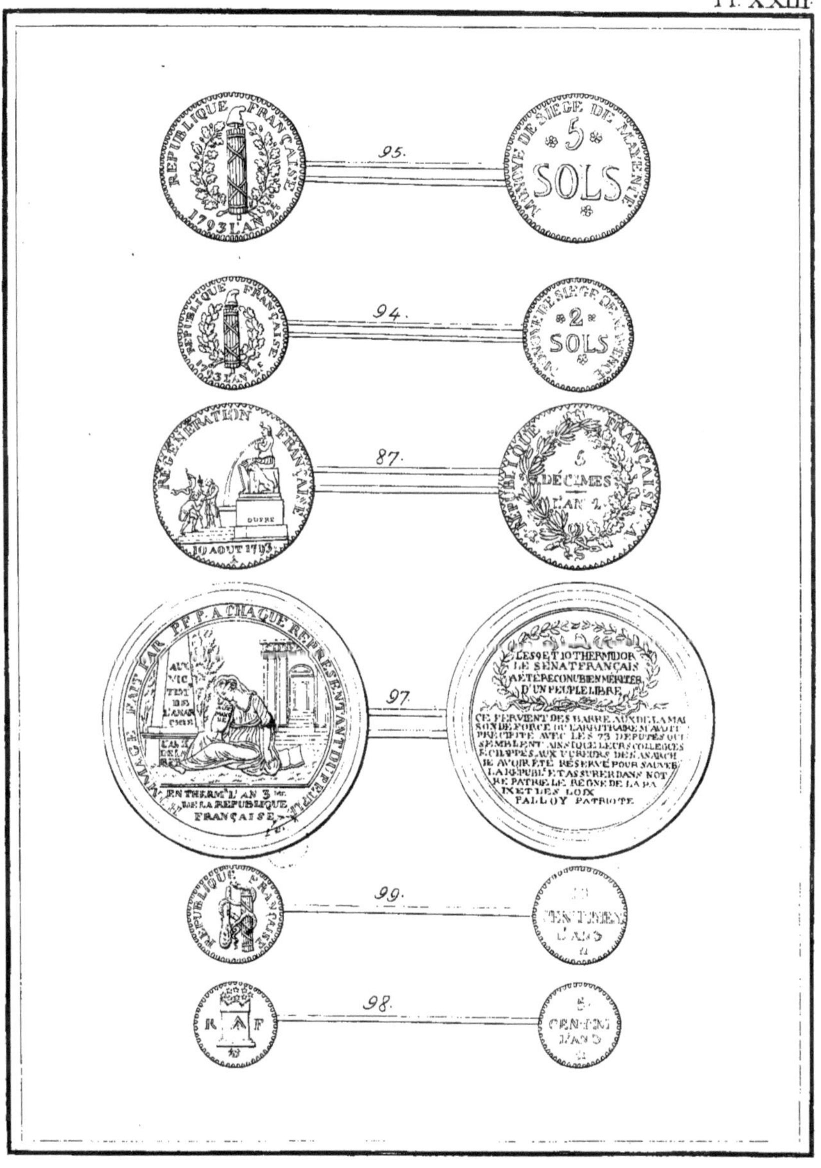
95.
REPUBLIQUE FRANÇAISE
1793 L'AN 2
MONNOYE DE SIEGE DE MAYENCE
5 SOLS
94.
REPUBLIQUE FRANÇAISE
2 SOLS
87.
REGENERATION FRANÇAISE
10 AOUT 1793
REPUBLIQUE FRANÇAISE
5 DÉCIMES
L'AN 2
97.
EN THERM L'AN 3
DE LA REPUBLIQUE
FRANÇAISE
LES 9 ET 10 THERMIDOR
LE SENAT FRANÇAIS
A ÉTÉ RECONU BIEN MÉRITER
D'UN PEUPLE LIBRE
PALLOY PATRIOTE
99.
REPUBLIQUE FRANÇAISE
98.
R F

Pl. XXIV.

DE MEDECINE
DE PARIS
114.
PRIX
D'ÉMULATION
REGNE DE LA LOI
87. a.
101.
AN IV.
SE DONNA LA MORT POUR ÉPARGNER
102.
100.

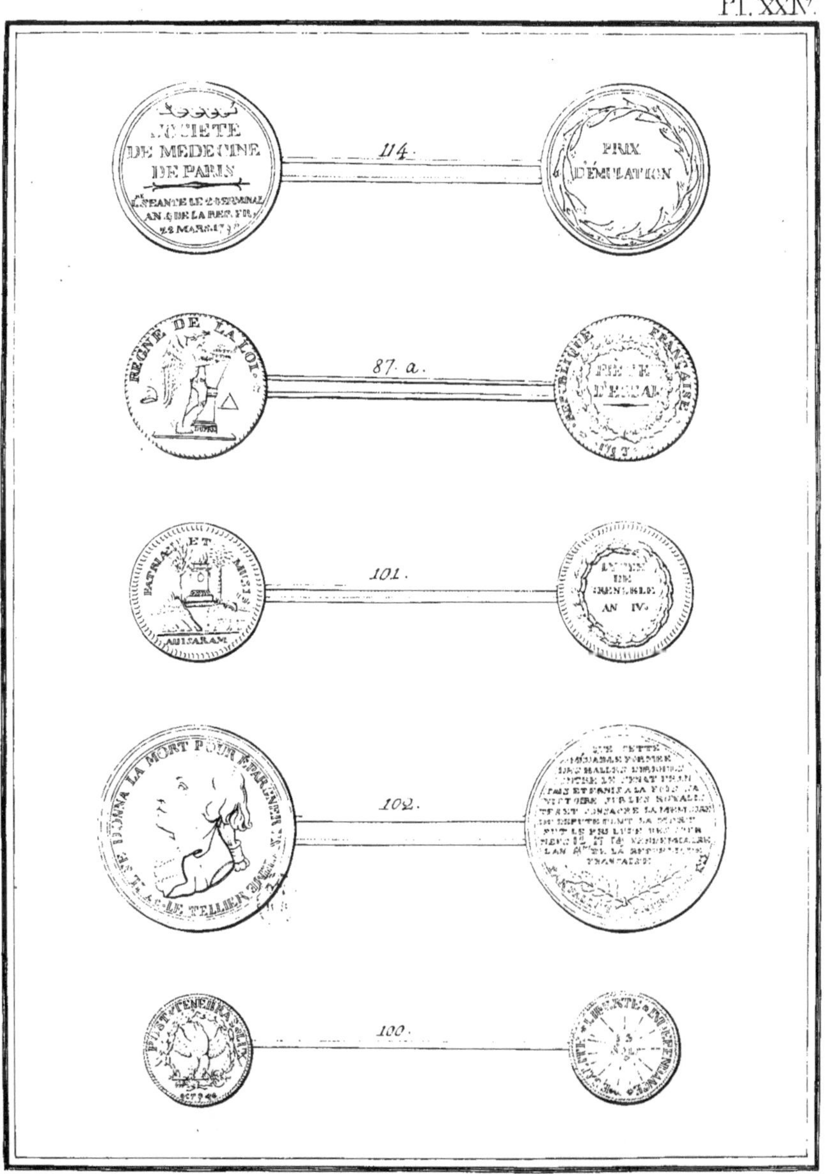

Pl. XXV.

104.
CONSEIL DES ANCIENS.
REPRESENTANT DU PEUPLE.
106.
REPUBLIQUE FRANÇAISE
CONSTITUTION DE L'AN TROIS
LOIS CIVILES
LOIS CRIMINE
DEPARTEMENT DE LA SEINE
TRIBUNAUX CIVIL ET CRIMINEL
105.
PIUS SEXTUS PONT. MAX.
110.
109.
111.
REPUBLIQUE FRANÇAISE
CINQ CENTIMES L'AN 5. A
UN DECIME L'AN 5. A
2 DECIMES L'AN 5. A
112.
UN CENTIME L'AN 6. A
UNION ET FORCE
108.
REPUBLIQUE FRANÇAISE
5 FRANCS L'AN 5. A

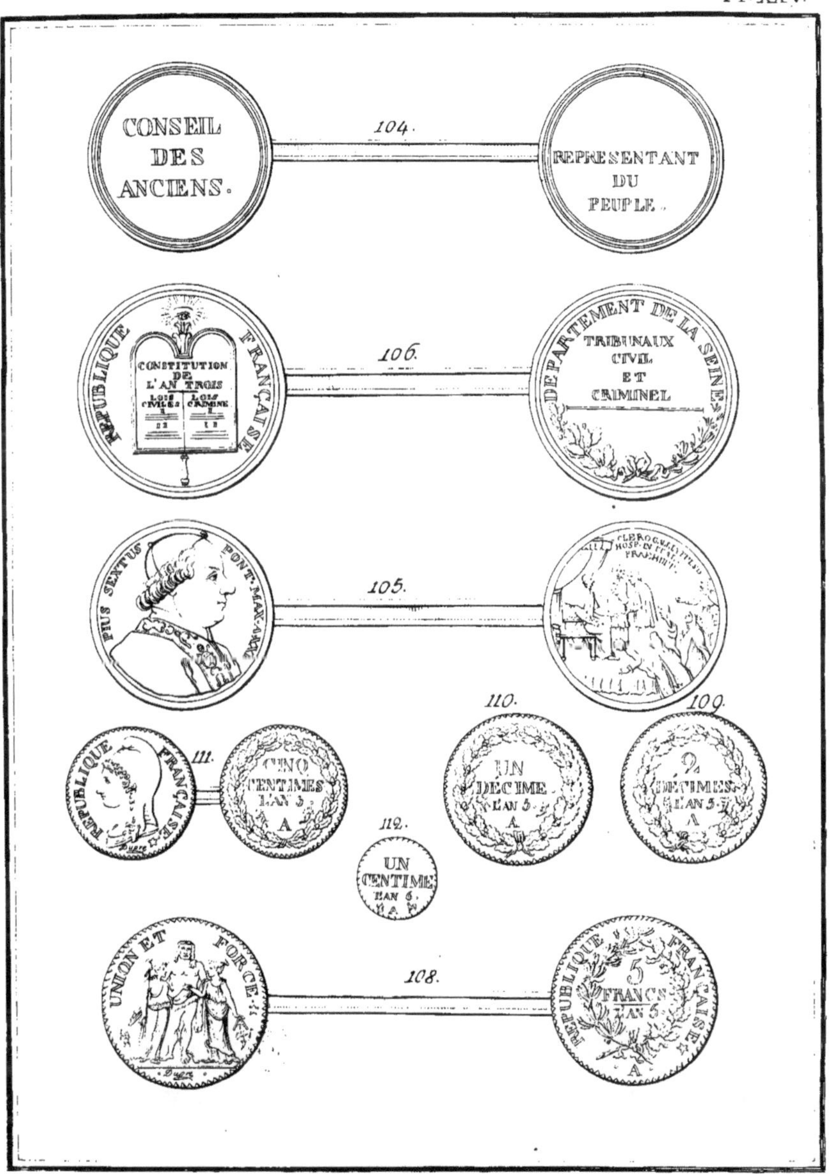

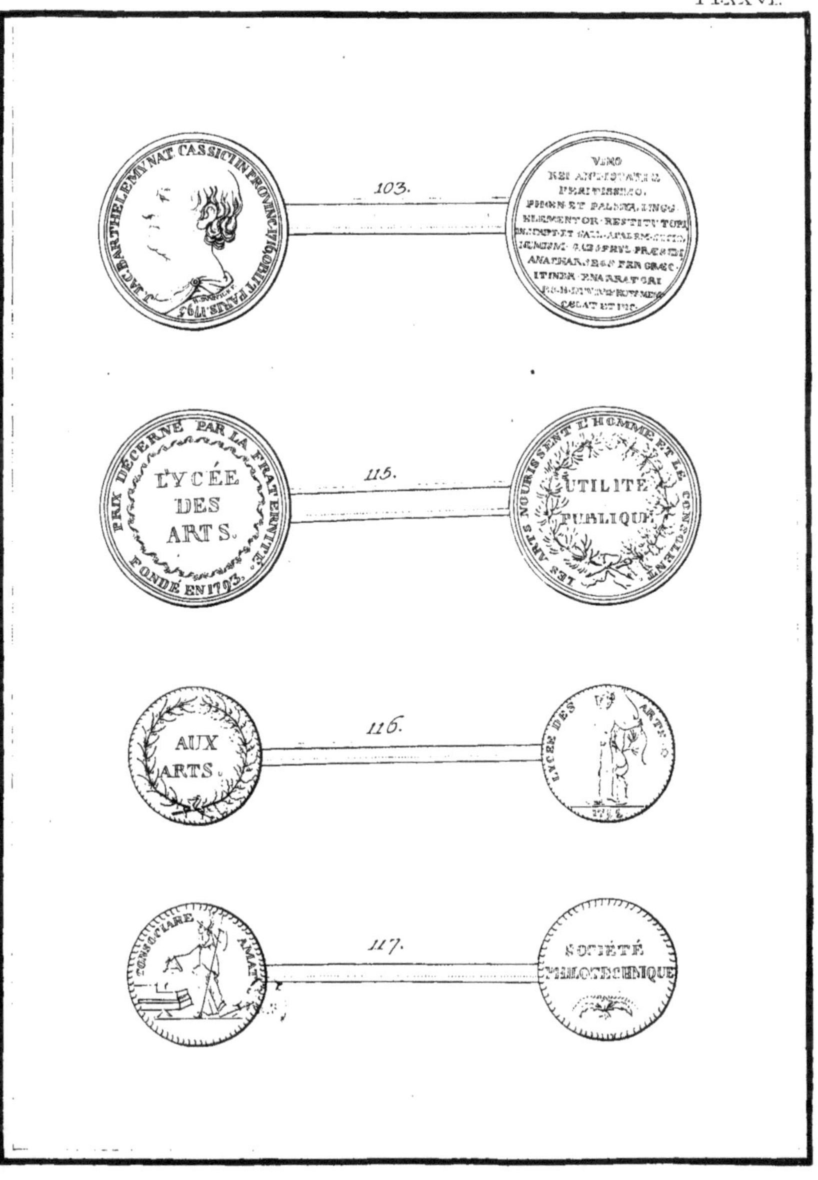
103.
115.
PRIX DÉCERNÉ PAR LA FRATERNITÉ
LYCÉE DES ARTS.
FONDÉ EN 1793.
LES ARTS NOURISSENT L'HOMME ET LE CONSOLENT
UTILITÉ PUBLIQUE
116.
AUX ARTS.
LYCÉE DES ARTS
117.
CONSOCIARE AMAT
SOCIÉTÉ PHILOTECHNIQUE

www.ingramcontent.com/pod-product-compliance
Ingram Content Group UK Ltd.
Pitfield, Milton Keynes, MK11 3LW, UK
UKHW021100260726
13994UKWH00002B/609